无限供给

数字时代的新经济

周春生 扈秀海＿著

中信出版集团｜北京

图书在版编目（CIP）数据

无限供给：数字时代的新经济 / 周春生，扈秀海著
. -- 北京：中信出版社，2020.9（2023.10重印）
ISBN 978-7-5217-1971-0

Ⅰ. ①无… Ⅱ. ①周… ②扈… Ⅲ. ①经济学—研究
Ⅳ. ① F0

中国版本图书馆 CIP 数据核字（2020）第 105332 号

无限供给：数字时代的新经济

著　　者：周春生　扈秀海
出版发行：中信出版集团股份有限公司
（北京市朝阳区东三环北路 27 号嘉铭中心　邮编　100020）
承 印 者：北京通州皇家印刷厂

开　　本：880mm × 1230mm　1/32　　印　　张：7.25　　字　　数：150 千字
版　　次：2020 年 9 月第 1 版　　印　　次：2023 年10月第 8 次印刷
书　　号：ISBN 978-7-5217-1971-0
定　　价：59.00 元

序一　新经济呼唤新的理论

很高兴为春生教授新作《无限供给：数字时代的新经济》作序。

近些年来，以智能化、数字化为代表的新经济正在中国以及世界范围内蓬勃发展。新的经济业态改变了人们的生活方式，颠覆了企业的经营方式，也重塑了宏观经济的运营机制。传统的经济理论，已经不足以准确解释新经济领域众多新的现象、新的问题。与时俱进的理论创新势在必行。

春生的新作正是基于新经济发展所做的理论探索和创新。该书开创性地阐述了数字经济中的无限供给现象。如微软的操作系统、腾讯的微信、百度的搜索服务，大体可以看成供给无限的产品。当产品可以实现无限供给时，企业的定价方式、盈利模式和增长方式必然会发生重大变化。正因为产品可以无限供给，所以新经济企业摆脱了传统企业的产能束缚，能够在没有重资产投入的情况下实现用户驱动的裂变式增长。

相信春生新作能让许多人获益。

刘伟

中国人民大学校长

2020.7.10

序二　无限供给：新经济时代的理论创新

我首先要祝贺周春生和扈秀海两位教授，写了一本非常有价值的好书。

打开《无限供给：数字时代的新经济》，就有一种不可遏制的欲望，要将此书一口气读完。原因很简单，书中讨论的，正是我之所想，书中回答的，正是我之所问。

好书必须抓住时代的特征，把握时代的脉搏。这个时代最大的特点是科技发展突飞猛进，创新创造日新月异，彻底改变了，且继续改变着我们的生活，改变着经济的结构和运行规律。资源稀缺是传统经济学的核心假设。在经典的经济学教科书中，生产过程就是将资源转化成产品的过程。产出和投入之间的关系，通常以某种形式的生产函数来刻画：有限的资源投入，必然只能形成有限的产出。更重要的是企业生产呈现出边际成本递增、边际产出递减的特征。这些特征决定了供给曲线的形状。

然而，随着新经济时代的到来，传统经济学的资源稀缺假设以及在此基础上建立的生产理论、供求理论，正在新经济领域中被彻底颠覆。

新技术和新经济中包含了大量边际成本为零的案例，比如复制一个软件到另外一台计算机的成本可以忽略；谷歌或百度的搜索服务，增加一个用户，也几乎不增加成本。同时，新经济中也包含了大量规模效益递增的案例，比如使用同一个社交软件的人数越多，这个社交软件的价值就越大。诸如此类的技术超越了边际成本递增的常识，催生了无限供给的新时代。《无限供给：数字时代的新经济》以新技术和新经济为分析对象，恰逢其时。

尽管我们知道无限供给作为一个时代的现象已经存在，但要厘清其给社会生活、经济增长、企业管理带来的新问题，还有它的新意义，仍然是个挑战。毫无疑问，无限供给带来了大量免费产品和服务，极大地改善和方便了民众生活。从宏观层面看，由于新经济领域大量无限供给产品的出现，使得基于生产函数构建的经济增长理论，已经难以充分揭示新经济增长的内在规律；现行以 GDP（国内生产总值）为核心指标的国民经济核算体系，也不足以准确计量数字化和科技创新对经济发展所做的贡献。从微观层面看，零边际成本的无限供给产品的生产企业，其经营理念、产品定价、盈利模式、增长路径也和传统有限供给产品的生产企业存在重大区别。

在《无限供给：数字时代的新经济》一书中，有理论，有案例，两位作者对许多问题做了深入浅出、系统全面、耐心细致的解答，可以帮助社会管理者、经济工作者和企业管理者对现实有更加深刻的理解，对未来保持更加清醒的认识，是很有价值、不可多得的良师益友。书中提出的许多新观点，例如资产无形化、用户资产化以及数字垄断等，非常值得大家关注和思考。

王一江
长江商学院学术副院长、经济学教授
2020.7.8

前言

在中国经济新旧动能转化的滚滚洪流中，新经济领域发展得如火如荼，以智能化、数字化为主要标志的新技术、新产品、新模式正在不断涌现。在这个经济大变局的新时代，企业界、金融界乃至政界，均迫切需要一套崭新的经济理论，来诠释经济活动中出现的各种新现象、新问题，以及把握和预测经济和商业发展的新趋势，并指导各行各业制定更科学、更合理的投资决策、研发决策、生产决策、营销决策和产业决策。

长期以来，经济学是一门以资源稀缺为前提，研究经济运行规律和资源配置的学科。按照传统经济学的稀缺性假设，由于资源是有限的，产品的生产必定消耗资源，所以产品的产量是有限的，产品也是稀缺的。随着新经济时代的到来，这一切正在发生悄然且快速的改变，有些产品的产量和供给依旧有限，但同时，有些产品却可以无限增产、无限供应。对此，我们不能视而不见。微软的 Windows 操作系统、苹果的 iOS 操作系统、腾讯的微信，还有百度的搜索引擎等，都是无限供给的典型例证。

用牛顿力学来解释粒子运动是不具有说服力的；用以有限资源和有限供给为核心思想的传统经济学框架，来分析和理解新经济时代的无限供给，更是南辕北辙、谬误横生。在智能经济、数字经济等新经济、新业态蓬勃发展，无限供给品越来越丰富的当下，通过颠覆传统经济思维，建立一套适合新经济发展和无限供给的新理论体系，其必要性和重要性自然不言而喻。

然而，要重新构建一套全新的理论体系，又谈何容易。

经过几年的思考，几经犹豫，笔者最终还是拿起手中的笔，不揣谫陋，创作了这本《无限供给：数字时代的新经济》。

本书对无限供给产品的基本特征进行了分析、总结，并在此基础上，对有限供给产品生产运营活动和无限供给产品生产运营活动的异同进行了比较，论证了无限供给产品生产企业资产无形化的原因，阐述了无限供给产品生产企业的规模取决于用户，而有限供给产品生产企业的规模取决于产能等一系列有关无限供给的新特征。

本书结合中国经济发展的现状和新经济时代的特点，讨论了科技创新、新经济模式以及无限供给经济的发展对 GDP 的影响。明确指出新经济和科技进步对经济发展的贡献，其实被严重低估了。

本书的核心目标旨在构建一个初步、简单，但相对完整的无限供给的经济学理论框架，并以此诠释新经济领域的许多重要现象，解释新经济领域的企业行为。

围绕这个目标，本书分析了无限供给产品的需求和定价问题，讨论了无限供给产品的收入模式和衍生收益。这些内容使我们了解到无限供给产品，如软件、数据和网游应该如何均衡定价，解开了传统产品少有免费模式，而无限供给产品却有大量免费模式（零收益），甚至是烧钱补贴模式（负收益）的谜团。

本书继而讨论了无限供给产品生产企业的经济增长问题，指出无限供给产品生产企业和有限供给产品生产企业在增长模式和增长速度上存在的本质差异，诠释了无限供给产品生产企业裂变增长的原因和途径。

本书还就无限供给产品生产企业的竞争策略和用户黏性等相关问题进行了讨论。毫无意外，无限供给行业在这些方面有其鲜明特点。由于无限供给产品的供应量摆脱了传统经济领域的产能限制，且无限供给产品又更便于发挥其多重功能，所以无限供给产品生产企业更加追求用户规模的扩大，更容易形成行业垄断，而且跨界竞争也必将成为常态。

本书不只是单纯地进行理论探讨，而是希望通过一个基本的理论框架，结合各种案例，来指导企业实践。新经济领域的很多重要案例、重要现象，如零收益和负收益、“羊毛党”问题、生态圈构建等，在本书均有介绍和讨论。

本书是对无限供给经济学展开研究的一个初步尝试，许多问题尚有待更加深入的思考和探索。书中难免有许多不足和纰漏之处，恳请读者不吝指正。

本书力求内容通俗易懂，无须掌握专业的经济学知识也可以轻松阅读、轻松理解。至于理论分析和经济学模型，则全部放在了附录里。

最后，希望本书能帮助企业家、企业管理人员和有意投身于新经济领域的大学生和创业者更好地了解新经济运营规律，在智能经济和数字经济等新兴领域大展宏图。同时希望本书能抛砖引玉，引起学界和对经济学感兴趣的群体对无限供给经济学有更多的关注和更深入的研究。

目　录

第一章　创新与数字驱动下的新经济

智能与数字经济时代的需求创造和新消费

需求是创新的原动力，是经济发展的方向盘。物质性消费在社会消费总支出中所占比重越来越小，“康育娱”等消费占据的比重则愈来愈高。新技术、新模式的出现和蓬勃发展，为“康育娱”等消费领域的腾飞插上了翅膀。

经济活动是为人们服务的。简言之，所有的经济活动，其根本目标，就是满足或者创造人们的终端需求。如果我们把技术和创新看作现代经济发展的发动机，那么消费需求或人民群众期望改善生活的美好愿景，就是经济发展的方向盘。前者决定了经济发展的速度，后者则引领了经济发展的趋势和方向。

在庞大且复杂的现代经济体系中，人们通常依据企业所服务的对象对企业业务形态进行分类。从事生产资料生产和销售，以企业为主要服务对象的业务被称为“2B”（to Business）业务；而从事消费品生产销售，直接服务对象主要是居民、家庭的业务则被称为“2C”（to Consumer）业务。其实，无论是“2B”业务还是“2C”业务，只是企业在产业链上的分工有所不同。从根本上讲，所有的企业，无论是生产原材料、中间产品或投资品，还是生产消费品，无论其直接服务对象是企业还是消费者，其终极目标都是满足消费者的终端需求。因此，消费者的终端需求是各类企业运营的指挥棒，是决定产业链生态的最基本因素。

淘宝固然给人们的生产与生活带来极大的便利，那么线上支付问题怎么解决呢？作为电商，由于当时的支付环节得不到闭环和信任，同时也没有其他人或平台提供这种服务，阿里巴巴不得不自己创造了支付宝这个第三方支付平台。所以，社会需求是创新的最大源泉，是企业成长的最大动力。

人类的需求有很多层次。马斯洛的需求理论把需求分成生理需求、安全需求、社交需求、尊重需求和自我实现需求五个层次，由较低层次到较高层次依次排列。每个层次的需求种类也都丰富多彩，且档次悬殊。例如在生理需求层次，食物是人们最基本的生存需要，穷人也许只求填饱肚子，讲究的人可能在此基础上还要追求美味、健康等。吃一顿饭可以花掉 10 元，也可以花掉 1 万元。

随着经济发展、技术创新，人们的需求不断向更高端需求演化，而且会引发许多过往人们不敢想象或者无法实现的新需求。现如今，人们经常提到创造需求。**所谓创造需求，是指市场主体，采取各种生产、经营的手段，依靠新技术、新产品、新服务和新商业理念，促使人们的潜在需求得到激发，最终得到满足。**例如，飞机的发明，创造了乘坐飞机长途旅行的需求；数字技术和移动互联网的普及，以及微信、Facebook（脸书）、抖音、微博等社交 App（应用程序）的涌现创造了远程社交的需求；互联网教育的兴起激发了民众在线学习的需求等。

在技术水平和经济发展相对落后的时代，人们的需求大多是低层次的。衣食住行是人们消费的主要需求。时至今日，许多人谈及消费，经常挂在嘴边的依然是衣食住行。

人工智能、大数据以及移动互联网的迅速崛起不仅会催生大量的新行业、新产品、新服务、新模式，而且会激发许多前所未有的消费需求，颠覆人们的消费观念。现如今，居民的消费方式、消费内容、消费结构正在发生翻天覆地的变化，娱乐、休闲、康养、旅游、教育、文化、体育、社交服务、信息服务等方面的消费也在快速增加。因此，当我们总结当代社会常见的人类需求时，可以用“衣食住行康育娱”这七个字来概括。除“衣食住行”，“康”指健康、康养；“育”指教育、养育、文化活动；“娱”指广义的娱乐、休闲、旅游等。未来，“康育娱”将会成为消费升级和消费增长的引擎。

概括来说，“衣食住行”多属于生存型、物质型消费或刚性需求；“康育娱”则多属于提升型、享受型消费或非刚性需求。

19 世纪德国统计学家和经济学家恩斯特·恩格尔根据统计资料，对消费结构的变化进行研究得出一个规律：一个家庭收入越少，家庭收入中（或总支出中）用来购买食物的支出所占的比例就越大，随着家庭收入的增加，家庭收入中（或总支出中）用来购买食物的支出所占的比例就会有所下降。也就是说，一个国家越穷，每个国民的平均收入中（或平均支出中）用于购买食物的支出所占比例就越大，随着国家的经济发展，这个比例呈下降趋势。用专业术语来讲，食物消费的收入弹性小于 1。人们称此现象为恩格尔定律。

随着社会的发展，物质性消费在社会的消费总支出中所占比重越来越小，“康育娱”方面的消费在消费总支出中占据的比重则越来越大，这就是恩格尔定律在社会商品消费结构中的使用。新技术、新模式的出现和蓬勃发展，为“康育娱”等消费领域的腾飞插上了翅膀。如图 1.1 所示，2012—2017 年，中国居民的消费结构发生了明显变化，食品、衣着、生活用品等消费支出所占比重明显下降，而交通通信、教育、文化娱乐以及医疗保健等方面的支出则大幅上升，这其中还不包括比如通信、文化娱乐等领域因数字经济发展和技术创新带来的大量免费服务（如免费语音、视频通话，微信社交娱乐等）。

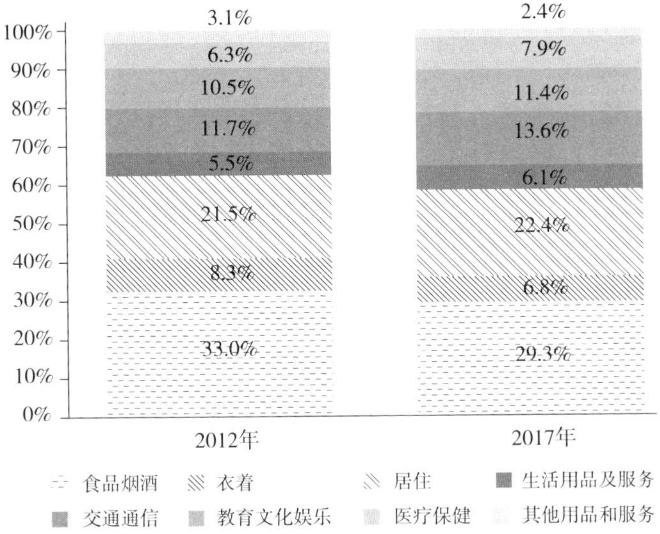

图1.1　2012年和2017年中国居民消费结构变化

资料来源：中国青年网，2018-3-16。

可以预见的是，随着中国全面建成小康社会伟大历史使命的提出，人工智能、机器人等新技术在生产、生活中的广泛应用，以及医疗卫生水平的提高使人均预期寿命不断延长，人民群众将有更多的时间和精力追求更高品质的生活——“衣食住行”等传统消费精细化，健康养生、教育文化、休闲娱乐大众化、常态化。从需求端来看，“衣食住行”等传统行业的智能化服务，以及“康育娱”领域中的一些新兴消费的出现和快速增长，正在并且将继续成为中国经济发展中至关重要的新的增长点。我们将此称为需求端的**新增量**。

数字化与创新驱动下的经济新增量

以数字经济崛起为代表的中国新经济业态的蓬勃发展，一方面是由于技术进步和模式创新的推动，另一方面也是中国经济新旧动能转换和经济结构转型升级的必然结果。

1946 年 2 月 14 日，由美国军方定制的世界上第一台通用计算机“电子数字积分计算机”在美国宾夕法尼亚大学问世，自此，人类生活和经济活动逐渐进入信息化和计算机时代。20 世纪 90 年代以来，特别是进入 21 世纪后，数字技术更是得到了突飞猛进的发展。以电子商务、移动支付、新媒体、大数据、人工智能、物联网、工业互联网等为代表的数字技术和智能技术已经广泛渗透到商业贸易、工业生产、企业管理、公共管理、安全国防、金融交易、人民生活、文化教育、新闻传播等各个领域。可以说，人类社会，特别是中美等经济大国，已经进入智能和数字技术无处不在的新时代。

许多人把中国当前的经济形态称为新经济。概括来讲，所谓新经济，是指在经济全球化背景下，以信息技术革命带动的，以高新科技、数字化和智慧化为主要特征的经济形态。**数字技术和智能技术的进步与广泛应用，不仅提高了生产、交易和信息交流的效率，还大大降低了交易成本和信息不对称，同时也催生了许多新产品、新商业模式和新经济业态，**

如无人机、无人驾驶汽车、机器人、“共享”出行、大数据营销、智能信息服务、互联网团购、互联网教育、互联网社交服务等。

1990年		2000年		2010年		2019年	
日本	日本电信电话公司	美国	微软	中国	中国石油	美国	微软
日本	东京三菱银行	美国	通用电气	美国	埃克森美孚	美国	苹果
日本	日本兴业银行	日本	NTT Domoco	美国	微软	美国	亚马逊
日本	三井住友银行	美国	思科	中国	工商银行	美国	谷歌
日本	丰田汽车	美国	沃尔玛	美国	沃尔玛	美国	脸书
日本	日本富士银行	美国	英特尔	中国	建设银行	美国	伯克希尔·哈撒韦
日本	日本第一劝业银行	日本	日本电信电话公司	澳大利亚	必和必拓	中国	阿里巴巴
美国	IBM	美国	埃克森美孚	英国	汇丰银行	中国	腾讯
日本	日本联合银行	美国	朗讯	巴西	巴西国家石油	美国	强生
美国	埃克森美孚	德国	德国电信	美国	苹果	美国	JP摩根

金融投资　通信及硬件　互联网软件　石油　大众消费

图1.2　30年来全球市值前十位的公司变迁

资料来源：知乎网站。

图 1.2 中，2000 年，在全球市值前十位的公司中，数字经济驱动型的公司，即互联网软件公司只有微软一家；2010 年变成两家，分别是微软和苹果，全部来自美国；2019 年，有七家来自数字经济领域，为微软、苹果、亚马逊、谷歌、脸书、阿里巴巴和腾讯，前五家来自美国，后两家来自中国。

尽管中国还是一个发展中国家，但在数字经济和智能经济领域，已经取得了无比骄傲的成绩，成为仅次于美国的第二大数字经济大国，人工智能领域也处于全球领先地位。

2010—2019 年，中国的研发支出以约 18% 的年化复合增速快速增长。2018 年研发支出达到 1.97 万亿元，占 GDP 的 2.18%。研发人员与专利数居世界第一。

2019 年，战略性新兴服务业、科技服务业和高技术服务业企业营业收入增长全部保持两位数，达到 12% 左右。战略性新兴产业增加值占 GDP 的比重逐年稳步提高，已接近中国“十三五”战略性新兴产业规划提出的目标，到 2020 年战略性新兴产业增加值占 GDP 比重将达到 15%，推动实现“十万亿级”的新兴支柱产业的目标。

上海社科院于 2019 年发布的一项研究显示，2016—2018 年中国数字经济同比增速分别达到 21.51%、20.35% 和 17.65%，增速连续三年排名世界第一。远高于包括美国在内的世界其他国家。《数字中国建设发展报告（2018 年）》显示，2018 年，我国数字经济规模达到 31.3 万亿元，按可比口径计算，同比名义增长 20.9%，占 GDP 的比重为 34.8%。其中数字产业化规模达到 6.4 万亿元，占 GDP 的比重为 7.1%。软件和信息技术服务业、互联网行业收入同比分别增长 14.2% 和 20.3%。2018 年产业数字化规模超过 24.9 万亿元，同比名义增长 23.1%，占 GDP 的比重为 27.6%。工业、服务业、农业数字经济占行业增加值比重分别为 18.3%、35.9% 和 7.3%。

图 1.3 描绘了 21 世纪以来中国数字经济发展态势。该图直观地显示了数字化在中国经济发展过程中的重要作用。21 世纪初，中国数字经济规模还比较有限；2010 年前后，数字经济已经发展到相当规模；2010 年后，数字经济增长更是进入快车道。无论从哪个角度看，现如今数字经济在中国经济发展中的地位都已举足轻重。

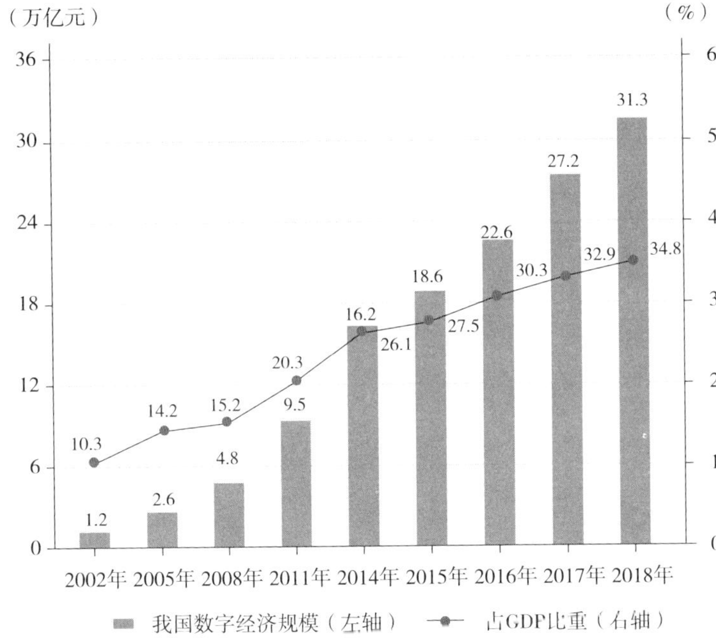

图1.3　中国数字经济历年增长情况

资料来源：https://www.sohu.com/a/312895996_473133，前瞻产业研究院：2019年中国数字经济市场分析：助推相关产业转型升级，全球数字化转型大势所趋，2019-05-09。

广义而言，中国的数字经济从业人员于2019年达到1.9亿人左右，占中国就业总量的24.6%。与此同时，2018年中国数字经济发展对中国经济增长的贡献率是67.98%。数字经济已是中国经济的支柱产业，数字经济昭示着我们的未来。

以数字经济崛起为代表的中国新经济业态的蓬勃发展，一方面是由于技术进步和模式创新的推动；另一方面是中国经济新旧动能转换和经济结构转型升级的必然结果。

从一定程度上讲，中国改革开放以来前 30 年的经济高速增长，主要依靠的是劳动力丰富、成本低廉、物质产品相对紧缺所推动的快速工业化。经过多年的经济高速发展，工业化进程和伴随着工业化进程的资本积累已经基本完成了。传统市场，包括房地产、基础制造业领域投资，中低端产品出口和社会大众的基础消费，都逐渐接近饱和状态。因此，传统存量行业的增量空间已经变得非常有限。经济发展、企业繁荣、消费升级，均需要寻找新突破口和新增量空间。而新增量在哪里？在于创新，在于新技术的突破和新产品的打造，在于新需求的创造。

近十年来，中国在数字经济、人工智能、机器人、无人机、生物科技、量子技术等方面所取得的成就，是国民经济转型升级的阶段性成绩，是企业寻求新增量的具体成果。中国在这些领域的创新和发展还会继续快速向前。

数字化和智能化经济的兴起，不是技术的边际改进，不是“过家家”似的经济结构调整，而是生产、流通和生活方式的一次翻天覆地的伟大革命。这一轮以数字化和智能化为代表的技术革命，与以“蒸汽使用”为代表的第一次工业革命和以“电气化”为代表的第二次工业革命相比，其影响都更具广度和深度。

如何理解技术创新的加速和经济增长速度的放缓

未来经济增长的机会，将越来越多地出现在互联网、数据科技、人工智能、新能源等新兴行业，我们称其为新增量。虽然新经济的发展壮大对人们生产方式和生活方式的改善意义重大，但相较而言，许多新的经济业态对固定资产投资和 GDP 等量化指标的贡献，反倒不如传统工业制造业那么显著。

前面我们谈到，近些年来，中国在科技创新和新经济业态的发展方面取得了长足的进步。科技水平，特别是在数字技术、人工智能、通信服务等方面的技术能力，与美国等技术强国之间的差距正在快速缩小。但另一个重要且令人深思的事实是，中国在技术创新和新经济业态高速发展的同时，经济增长的速度也明显放缓了。如何理解这两者之间的关系？为了回答这个问题，我们不妨回顾一下，自改革开放以来中国经济发展的历史进程。

1978 年 12 月十一届三中全会决定中国开始实行对内改革、对外开放的政策，中国经济发展从此驶入了快车道。中国的对内改革首先从农村开始，1978 年 11 月，安徽省凤阳县小岗村实行“分田到户，自负盈亏”的家庭联产承包责任制（大包干），拉开了中国对内改革的大幕。在城市，国有企业的自主经营权得到了明显改善。1979 年 7 月，中央正式批准广东、福建两省在对外经济活动中实行特殊政策、灵活措施，迈开了改革开放的历史性脚步，对外开放成为中国的一项基本国策，成为中国的强国之路，是社会主义事业发展的强大动力。改革开放建立了社会主义市场经济体制。1992 年，邓小平的南方谈话，阐述了建立社会主义市场经济理论的基本原则，把改革开放和现代化建设推向了一个全新的历史阶段。

改革开放之初，1978 年中国年度 GDP 总量 3 678.7 亿元，人均 GDP 为 385 元。按人均数字排名，中国在世界排第 134 位，低于津巴布韦、卢旺达、海地等相对来说不发达的国家和地区，几乎排在世界各国的末梢。中国当时的人均 GDP 相当于摩纳哥的 0.4%，美国的 1.47%，日本的 1.77%。尽管中国人口数量世界第一，但当时的总量 GDP 也只有美国的 6.3%，日本的 14.7%，德国的 20%。

改革开放后，中国的经济发展速度可以用“神速”两个字来形容。这一阶段中国经济高速增长的主要原因大致有以下几个方面。

第一，大量劳动人口从农村有限的土地中被释放出来，为城市的快速工业化提供了丰富且相当廉价的劳动力。这些廉价但高效的劳动力为改革开放早期的中国制造业发展，特别是低端制造业的发展提供了强力支持，并为中国产品在国际市场上的竞争创造了显著的成本优势，促进了中国对外贸易，特别是工业产品出口贸易的腾飞。

“高投资”驱动中国经济高速增长。总体来说，较高的固定资本形成率（固定资本投资占 GDP 的比重）是许多亚洲国家和地区创造经济增长奇迹的共同特征。日本自 1953 年开始到 20 世纪 70 年代初的高速增长得益于其高达 35%的固定资本形成率。新加坡在 1971—1985 年间的高速发展时期，固定资本形成率超过 40%。马来西亚在 20 世纪 90 年代中期也有几年高速增长的时期，而它在此时期的固定资本形成率也超过 40%。

许多西方经济学家也都持有相同看法，认为较高的固定资本形成率和大规模投资是驱动中国经济高速增长的主要引擎。支持中国经济高速增长的高投资不仅来自国内储蓄，而且来自大量的国外直接投资。众多的外国企业被中国广阔的国内市场和丰富廉价的劳动力资源所吸引，大举向中国投资。据世界银行统计，中国年均实际利用外资额从 1983 年的 6.3 亿美元增加至 2005 年的 603 亿美元，平均每年增长 15%。截至 2005 年底，中国累计利用外资总额达到 6 180 亿美元。外资的大量涌入，不仅补充了经济发展所需的资本，而且为中国的技术进步和出口竞争力的提高做出了巨大贡献。

第二，丰富廉价的劳动力资源保证了中国经济的高速增长。经济合作与发展组织（OECD）的一份研究报告指出，中国具有世界其他任何国家和地区都难以比拟的比较优势。[①] 一是丰富的劳动力资源。中国不仅每年都有近 1 000 万的新增就业人口，而且在广大乡村有超过 1.5 亿的剩余劳动力等

---

① 转引自《中国有世界其他任何国家都难以比拟的比较优势》，百度文库，2011-12-15，作者：weishu520。

待到城市就业。二是“人优价廉”。中国的劳动力不仅价格便宜，而且质量很高。

第三，效率改进促进中国经济高速增长。中国的效率改进和全要素生产率的提高归因于技术改善和劳动力技能的提高。一方面，随着中国的经济体制从僵化的计划经济体制向灵活的市场经济体制转变，各种生产要素被配置到效率更高的部门或经济领域，使各种生产要素得到更加高效的利用；另一方面，外国直接投资不仅带来了资本，而且也带来了技术和管理经验，这也是提高全要素生产率的重要因素。除此之外，随着中国教育事业的发展，劳动力质量也有了很大提高，这无疑也是提高全要素生产率的因素。

第四，剧增的国际贸易拉动、支持中国经济高速增长。自 1980 年以来，中国始终把对外贸易发展作为拉动、支持经济增长的关键因素之一。中国政府不仅主动减少对国际贸易的控制，降低贸易壁垒，而且积极谋求加入世界贸易组织。这些政策都极大地促进了中国国际贸易的快速发展，使中国在世界贸易总额中的比重逐年增加。

第五，体制改革与制度创新保证了中国经济高速增长。有效率的经济组织是经济增长的关键。而这种组织的效率源于一套能够对经济主体行为进行激励的产权制度安排。毫无疑问，经济体制改革为中国经济增长和生产率提高提供了强大动力。

2012 年 11 月，党的十八届一中全会选举习近平同志为中共中央总书记。也是从这一年开始，中国经济增长方式和增长速度都开始发生重大转变，GDP 增速从以追求数量扩张为导向，转向以追求高质量、可持续的中高速增长为目标。

2014 年 5 月，中共中央总书记习近平同志在河南考察时说，“我国发展仍处于重要战略机遇期，我们要增强信心，从当前中国经济发展的阶段性特征出发，适应新常态，保持战略上的平常心态”[①]。这是中央领导人首次以“新常态”描述新周期中的中国经济。**新常态下，中国经济增长速度，以现行 GDP 指标衡量，确实有明显下降。但经济发展的质量却有显著变化或者说有所改善。**

新常态下中国 GDP 增速放缓，概括来讲，主要是传统行业（我们称其为存量行业）经过多年高速发展，资产规模和生产能力都已非常庞大。由于恩格尔定律的作用，传统行业大量产品的需求无法长期保持稳定的超高速增长，所以这些行业的供求平衡出现了变化，部分行业甚至出现了产能过剩。存量行业的增长机会相对有限。

未来经济快速增长的机会，将越来越多地出现在互联网、数据科技、人工智能、新能源等新兴行业。虽然新经济的发展壮大对人们生产方式和生活方式的改善意义重大，但比较而言，许多新的经济业态对固定资产投资和 GDP 等量化指标的贡献，反倒不如传统工业制造业那么显著。主要表现在：

---

① 《习近平总书记首次系统阐述“新常态”》，新华网，2014-11-09。

（1）工业制造业等存量领域的增长主要依靠设备投入和产能扩张。而新经济领域的发展，更多靠科技创新、模式创新和研发，对于大量的厂房和重型装备等固定资产投资的依赖相对较少，特别对于无限供给产品而言，企业规模扩大更不是靠厂房设备等产能的扩张支撑。新经济时代，人们经常会提到所谓的“轻资产”模式，即资产无形化。无形资产的重要性日渐超过有形资产，是新经济时代的重要特征和趋势。这种趋势减弱了国民经济对固定资产投资的依赖。

如表1.1所示，近几年来，固定资产投资，特别是民间固定资产投资增长速度明显下降。2010年之前，中国固定资产投资年增长速度一直保持在25%左右，但从2018年开始，该增长速度已经降到6%以下的水平。

表1.1　2005—2019年中国固定资产投资增速变化

年份	固定资产投资比上年增长情况（%）
2005	26.0
2008	25.9
2009	30.0
2012	20.3
2015	9.8
2017	7.2
2018	5.9
2019	5.4

资料来源：国家统计局。

（2）中国经济长期高速发展，对外贸易已经具备相当大规模。随着中国在全球产业分工中的比较优势变化，以及全球政治经济格局的改变，中国的对外贸易不可能长期维持超高速度的增长。对外贸易增速减慢，从某种意义上讲，难以避免。

（3）新经济领域，特别是数字经济领域，出现了大量零边际成本的无限供给产品和服务（关于无限供给的概念，我们将在下一章详细阐述）。这些产品和服务开启了免费服务模式的新时代，往往不再直接向消费者收取费用。尽管这些产品和服务的提供者可以通过其他渠道和方式赚取利润，但这些产品和服务为用户提供的价值却难以纳入现行 GDP 统计范围，因此，新业态对经济发展水平的贡献被 GDP 指标低估了。

（4）新经济中的科技创新，更多体现在经济发展的质量方面，如电脑越来越快，手机性能越来越好，汽车、空调越来越节能等。而 GDP 指标显然存在重数量、轻质量倾向。

（5）科技创新，新经济发展，特别是新产品对传统产品的替代，按照现有 GDP 统计口径和方法，会导致经济规模和经济发展水平被严重低估（详见第三章）。特别是当无限供给的免费服务模式替代传统经济中的收费服务模式时，GDP 统计数据受到的影响则更为显著。

根据上述分析，我们认为，中国经济增速，或更准确地说，中国 GDP 增长放缓的原因主要有三点。一是传统行业（存量行业）的产能相对于需求（包括对外贸易需求）而言，在一定程度上已处于基本饱和状态，持续高增长的动力有所减弱。

二是新经济发展（新增量）有较强的资产无形化趋势，对固定资产投资依赖减弱。投资需求本是 GDP 的重要组成部分。三是现行 GDP 统计口径和方法低估了技术进步和新经济业态对经济增长做出的贡献。

未来经济发展的几大趋势

智能化、数字化已经并且将持续快速地重塑中国经济结构，引领中国乃至世界经济呈现一系列新的重大发展趋势。

新增量，特别是以智能化、数字化、信息化和一些“黑科技”为代表的科技发展和模式创新正在重塑企业的组织架构、生产方式和运营理念；重塑人们的工作方式、生活方式和行为习惯。围绕智能化、数字化这一主题，笔者对未来的经济发展态势大胆做了一些不完整的预测。

（1）简单劳动和复杂劳动（智能劳动）之间的差异持续扩大。人工智能、机器人将接管市场上的大量简单劳动，甚至包括一些脑力劳动，让人们把注意力转向更需要智力、更需要创造力的工作。这一趋势，将意味着人们对简单劳动的需求不断减少，同时简单劳动和复杂劳动之间的差距进一步扩大。

（2）基于和上一条同样的理由，对于一个优秀的企业来说，劳动力质量远比劳动力数量重要。企业对高端、创造性人才的争夺将更加激烈。普通劳动力就业岗位会越来越少。

（3）智慧资本、数字资产成为比机器设备更为重要的生产工具（生产要素）。在制造业乃至农业主导的经济时代，土地、厂房、设备是企业最重要的生产要素，也是企业资产的最重要组成部分。然而，在创造、智能、数字主导的新经济时代中，企业创造性的研发成果、企业的数字资产将成为企业生产力的核心部分，企业资产明显变“轻”。更准确地说，企业的研发成果、技术水平、数字资产理应被视作企业的无形资产，因此，资产“轻型化”应该被称作资产“无形化”更为合适。下一章针对此观点会有更进一步的讨论。

（4）由于信息不对称的减弱和透明化程度的提高，消费者对产品质量的要求将更加苛刻，用户对企业的议价能力也会更强。其结果将导致企业之间的竞争变得更为激烈，优胜劣汰将更加迅速。同时，透明度也将进一步减少企业的利润，竞争性产品的利润空间会被更进一步压缩。

（5）产业集中度将进一步提高。很多行业可能会被少数几家优秀企业把持。如果没有外力（比如政府）干预，垄断或寡头垄断的现象将大大增加。垄断企业由于拥有卓越的客户资源，跨界经营，谋求多个关联行业的优势地位也将变得更为普遍。

（6）数字经济进一步发展，网络将会无处不在，物联网也将快速发展起来。智能住宅、智能办公室、全智能建筑，可以说，所有东西都将与其他东西连接起来，仅由封闭的内部网络将其隔开。

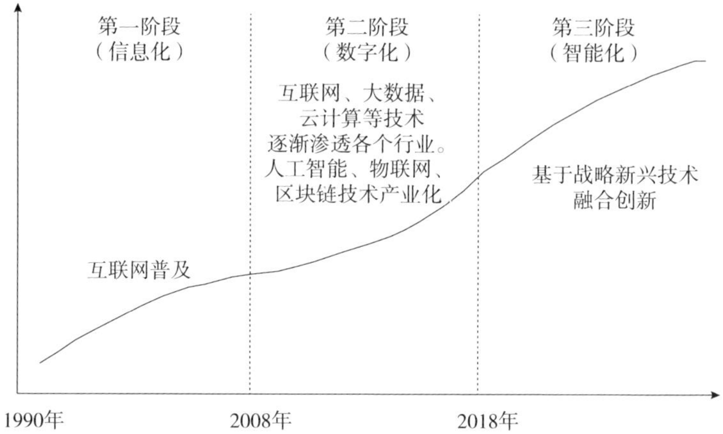

图1.4　互联网与数字经济发展历史和趋势

资料来源：根据赛智研究院据公开资料整理（www.hatdot.com）。

（7）与日益丰富的数字产品相比，每个人的时间都是固定的、有限的，注意力也是有限的。因此，人们的注意力将越来越宝贵，越来越稀缺。企业之间的竞争从争夺生产要素和市场，演变到争夺用户（流量）以后，将更进一步升格到争夺用户的注意力。

（8）产业链的流向正在逆转。以前是先生产再消费，由生产者到传统经销商再到消费者手中，有许多中间环节。未来是先有消费需求再有生产供给，就是按消费需求设计产品，再生产。传统经销商这个群体将逐渐消失。

（9）技术的快速进步将驱使科技类产品的成本和价格快速下降，同时性能快速提升。消费者可以以低廉的价格享受越来越优质的科技产品和服务。特别是无限供给产品的大量涌现，这意味着消费者更能享受越来越多的免费服务。技术推动使得成本下降，也有利于降低通货膨胀的压力。

（10）信息流动的加速，远程教育的崛起，将逐渐缩小不同人群的知识和信息鸿沟。由于智能机器人和人工智能的广泛使用，人们将从繁重的简单劳动和非创造性劳动中得到解放，“康育娱”消费将持续高速增长。

（11）新经济，特别是数字产品的用户不再是单纯的消费者，他们也是企业的资产、企业的“兼职劳工”。新经济继续往前发展，数字化程度越高，用户的资产属性、劳工属性就越重要。

（12）传统生存型消费将由数量型增长转向质量型发展。生存型消费产品，如食品、服装、家具、普通家用电器、医药等，增长速度将放缓，技术创新和进步带来的产品质量变化将越来越受重视。新模式、新技术创造的新型消费也势不可当，成为消费升级的重要组成部分。

第二章　创新、数字化和科技催生无限供给

资源稀缺和供给有限的传统经济

资源稀缺和供给有限是传统经济学的一个基本信条。在有限供给的经济里，企业要实现增长，首先要解决的就是产能扩张问题。

本书的核心话题是新经济中大量产品存在无限供给，以及无限供给条件下的市场特点和企业行为。为了便于广大读者更好地理解即将展开讨论的无限供给的特征，我们首先来共同回顾一下传统经济学中研究的有关有限供给的基本概念和理论。

众所周知，（资源的）稀缺性是传统经济学的一个基本信条与核心假设。所谓稀缺性假设，是指相对于人们的无穷欲望（需求）而言，资源，如土地、劳动力、原材料、资本等，总是不足的，无法生产出足够多的产品满足所有人的需求。例如，由于土地是有限的，我们无法建设足够多的花园别墅供所有人享用，也无法栽种足够多的优质葡萄并酿制足够多的能与拉菲媲美的顶级红酒；由于矿藏和木材是有限的，我们无法开采出足够多的黄金，也无法生产出无穷无尽的钢材和红木家具；由于人力资源也是有限的，我们无法让每个家庭都能雇上保姆，享受优质的家政服务。

当然，资源的稀缺性，一般是指相对稀缺，即相对于人们现时的或潜在的需要而言是稀缺的。这就要求社会经济活动的目的，是以最少的资源消耗取得最大的经济效果。因此，资源的稀缺性及由此决定的人们要以最少消耗取得最大经济效果的愿望，是经济学作为一门独立的科学产生和发展至今的原因。

稀缺性假设隐含着两层重要含义。第一，在市场经济体系里，资源的使用具有排他性、竞争性。换句话说，企业需要通过付出代价才能获得所需的资源，这些资源企业一般不会也无法与其他企业共享。第二，产品的生产会消耗资源，增加产品就会增加资源的消耗量。所以，有限的资源，只能生产出有限数量的产品。

在市场经济体系中，稀缺的资源一定是有价的，而不是免费的。资源稀缺程度越高，价格也会越高。企业在产品生产过程中耗费或占用的资源的总价格，构成了产品总的生产成本。经济学家普遍认为，在技术水平一定的情况下，产品的产量是由资源的投入量决定的，并习惯用某种生产函数，如柯布－道格拉斯生产函数[①]，来描述资源（或称要素）投入和产品产出之间的数量关系。

依据一般的生产函数，企业要增加产品产量，首先必须增加要素投入，并相应增加生产成本。企业每增加一个单位的产出所需增加的成本，被称为产品的边际成本。资源的稀缺性和生产函数界定的投入产出关系意味着：

（1）边际成本是正数，不会为零，更不会为负数。原因是增加产量就必定要增加要素投入，从而增加成本。

（2）企业不可能无限制地增加要素投入，所以，企业所生产的任何产品的产量也一定是有限的，形成市场的有限供给。

（3）短期内，部分要素的投入，如厂房和机器设备，无法加以调整，是固定的。此时，如果大幅增加产量，只能增加可变要素，如劳动力和原材料，导致固定要素和可变要素比例失衡，以及成本增长速度超过产量增加速度。此种现象叫作边际成本递增。边际成本递增反过来会影响企业增产的积极性。

如果我们把企业在现有资本投入下，所能生产的产品最优数量称为产能[②]，那么，企业要想增加产品的产能，就必须增加投入。因此，**在有限供给的经济里，企业要实现增长，**

---

① 经济学中最著名、最常用的生产函数。由柯布和道格拉斯两位经济学家于 20 世纪 30 年代提出。

② 产能的一般解释为企业现有生产要素满负荷运转所能达到的产出规模。

首先要解决的就是产能扩张问题，即通过追加要素投入来实现产能的增加。

什么是无限供给产品和无限供给经济

> 无限供给产品是企业可以以零边际成本无限量提供，可以同时或在短时间内满足市场任意需求的产品。简言之，就是只要有需求，企业想提供多少，就能提供多少的产品。

传统经济时代的大部分产品，如食品、服装、汽车、机床等，生产过程中均需要投入大量人力和物力，而且产量都是有限的。你投入多少人力、物力，相应就会有多少产量。

然而，新经济时代，智慧产品和数字产品的生产过程和产能，却发生了根本性变化。微软公司生产的 Windows 操作系统和 Office 办公软件，苹果的 iOS 操作系统与谷歌的 Android 操作系统，腾讯的微信，阿里巴巴的支付宝，百度的搜索引擎，科大讯飞的智能语音识别系统，字节跳动的智能信息推送服务（今日头条、抖音），高德的电子地图服务等，都是靠一大群技术精英投入了大量劳动和智慧，开发和创造出来的，是智慧和创造力的结晶。按照马克思理论，这些属于复杂劳动的成果。但这些和食品、服装、汽车显然有本质区别。前者可以几乎无成本、无限量地复制，想要多少，就会有多少；后者则无法复制，例如，要想多生产一辆汽车，企业得投入更多人力、物力和设备重新生产一次。系统和软件的产量是没有上限的，百度的搜索服务和今日头条的信息服务也是没有上限的，可以无限供给。我们将此类产品称为**无限供给产品**。

随着数字技术的进步和传播媒介的蓬勃发展，传统经济中原本每次只能提供给少数人的服务或服务少数人的产品，变得能够让无数人同时享用，而且几乎不会增加成本。这类服务其实也可以被看作无限供给产品。例如，教室里的线下授课，只能讲给几十个人听，而网络上的课程直播，则可以同时让无数人听。音乐厅里容纳不了太多人观看演唱会，视频网站的演唱直播，则可以同时让无数人欣赏。直播视频还可以一直放在网上，供所有人反复观看。

如果要给出一个稍微权威一些的定义，我们可以把**无限供给产品界定为企业以零边际成本无限量提供（复制），可以同时或在短时间内满足市场任意需求的产品**。简言之，就是只要有需求，企业想提供多少，就能提供多少的产品。

需要指出的是，**无限供给指的是同一款产品可以无限供应，而不是企业能供应无数不同产品**。比如，一个软件开发出来后可以无限供给，但并不代表一个企业能开发无穷多的不同软件。一首歌（数字音乐）可以无限供应，但不代表一个歌手要唱无数次不同的歌。

显而易见，无限供给产品不是稀缺资源，产品的使用也不再有竞争性。至于这些产品的使用是否应受到限制，则在很大程度上取决于供应商的政策和态度了。

无限供给产品可以是终端消费品，如网络游戏、数字化的音乐作品、App 等，也可以是生产工具或生产资料，如数控机床的数控软件，银行使用的企业和个人征信数据等。

一个经济系统，其主要产品或者要素，一旦生产就可以依据需求无限量地供应，不再具有传统意义上的竞争性，这样的经济系统就是无限供给经济。简言之，无限供给经济是由无限供给产品构成的经济系统。著作权、科技成果、计算机软件、数字产品等都是无限供给经济的重要组成部分。

诺贝尔经济学奖得主、普林斯顿大学教授刘易斯在 1954 年发表的一篇著名论文里，曾提出过劳动力无限供给的概念。在相对落后的发展中国家，农村劳动力极为丰富，因此，现代工业部门的发展可以获得其工资由农业劳动者收入（通常只能满足最低生存标准）决定的无限供给的劳动力。然而，刘易斯的劳动力无限供给概念和本书提出的产品和要素的无限供给有着重大的、实质性的区别。

首先，劳动力的无限供给，其实质是劳动力资源相对过剩，随着工业化进程的发展，劳动力同样会变得稀缺。而本书提到的产品或要素的无限供给，供应量是完全而且永远没有边界和上限的。

其次，从供应端来讲，劳动力无限供给是一个宏观概念。从微观上来讲，每个供应方，即每个劳动者提供的劳动显然是有限的。而本书所讲的无限供给，从微观层面来讲，每个供应商自身都具有无限供给的能力。

最后，在刘易斯的理论中，无限供给的劳动力，其价格是外生的，相当于最低生活保障的费用，供应方对应的是一个完全竞争的市场，完全没有定价权；而本书讨论的无限供给产品的价格则是由供应方依据利润最大的原则决定的，是内生的，通常情况下，供应方面对的是一个有一定垄断色彩的市场。

科学技术是生产力。如果我们把技术本身（发明创造、技术革新）和劳动力、土地、资本一样当作生产要素，**科技成果一旦产生，其供给也是无限的，可以被无限次重复使用，也可以供所有有需要的企业和人同时使用**。法拉第发现了电磁感应定律，不管人们如何使用，定律都不会有任何改变；莱特兄弟发明了飞机，不管人们造出多少飞机，飞机设计制造技术都将继续存在，而且会越来越先进；袁隆平研发的杂交水稻，使用再广，技术也会继续存在。需要指出的是，虽然技术本身的供给是无限的，但通常情况下，单纯的一项技术，还无法形成可供企业和消费者直接使用的产品。生产产品的原材料和人工的供给一般是有限的。例如，苹果公司的 iOS 操作系统的供给是无限的，但生产手机所用的显示屏、芯片、电池等，供给都是有限的。

值得一提的是，在当今的数字经济时代，数据不仅可以作为终端产品直接提供给用户和消费者使用，也可以作为重要的生产要素应用在企业的生产运营中。数据一旦产生，只要不加以限制，就可以被无数的需求者无限次地重复使用，没有竞争性，因此供给是无限的。2020 年 4 月，中共中央、国务院印发《关于构建更加完善的要素市场化配置体制机制的意见》（以下简称《意见》），把技术、数据和土地、劳动力、资本共同作为新时代生产要素的重要类型。《意见》的重要性不言而喻，具有划时代的意义。有趣的是，土地、劳动力、资本等传统要素都是有限供给的、竞用的，而技术、数据等新经济的核心要素的供给却是无限的。既然存在有限与无限的差异，两类不同要素的配置机制也会有所区别。例如，土地、资本的所有权通常是长期有效的，而数据、技术则需要法律设定一个合理的保护期限。

无限供给产品和有限供给产品的本质区别

> 有限供给产品的规模效应更多体现在供应端，企业做大靠产能扩张；而无限供给产品的规模效应更多体现在需求端，企业做大靠用户增长。有限供给产品的使用，一般会伴随损耗或者折旧的发生，产品的使用多是竞争性的。无限供给产品不仅没有使用损耗，而且一件产品还有多种功能可以同时使用。

新经济时代的无限供给产品，一般需要具有高度创新能力才能研发而成。这就要求企业必须具备很高的研发和创新能力，以及拥有一支高素质的人才团队，而且前期的研发成本通常比较高昂。因此，此类产品尽管后续边际成本为零，也不见得需要大量投入机器设备等固定资产，但前期投入依旧会很大。而且市场成功带有不确定性，所以风险程度也相对较高。

一般而言，有限供给产品，不仅在生产中需要多消耗稀缺的资源，产生边际成本，而且在使用中，通常也会有损耗和折旧。例如，面包吃一个就少一个，被吃掉的永远不会再回来，钢材也是用一吨就少一吨，至于汽车，用几年可能就需要维修。无限供给产品则不同，通常在使用过程中不会有折旧，也不会有损耗，而且即便有，也无足轻重，因为根本不稀缺，随时更换补充就是。举例来说，微信和谷歌搜索引擎的供给是无限的，不会因使用而产生任何损耗和折旧。

无限供给产品不会有边际成本，所以其使用也不会增加生产者的成本。于是，无限供给产品生产者在产品销售方式、盈利模式、定价策略的选择方面，相较于边际成本很高的传统产品生产者，要灵活得多。对于传统有限供给产品而言，如果售价过低，比如低于生产成本，就必然会出现产品卖得越多，企业亏损越大的不利后果。对于无限供给产品而言，即便产品售价再低，一般也会有毛利。

任何时候，企业生产产品都是用来销售的，或者更准确地说，都是用来盈利的。要想通过销售产品来获得盈利，企业首先必须有用户。因此，用户对所有企业来说至关重要。然而，对于无限供给产品和有限供给产品这两种不同性质的产品而言,用户数量的重要性并不能相提并论。原因有两点。

第一，对于有限供给产品而言，无论用户数量有多少，需求量有多大，该产品能达到的销量上限不会突破企业的最大产出量，即产能。如果企业的产能是每年生产 100 万件产品，那么这家企业的规模上限也就是一年生产并销售 100 万件产品。即使企业能拉来数以亿计的用户，但企业能满足的用户也只有区区百万人。除了拉高产品价格外，用户资源只能被大量浪费，或者大量流失。所以，有限供给产品企业的规模，归根结底是由产能或供应端决定的，至少短时间内是这样。例如,茅台可能是中国最受欢迎的白酒,需求量非常庞大,市场一直处在供不应求的状态,但近年来,茅台酒的产量并没有出现爆发式增长，大体稳定在年产量 4 万～5 万吨的水平，其主要原因就是产能跟不上。

对于一款无限供给产品而言，供应端的作用主要体现在企业能否快速研发出性能优越、质量过硬的产品。从理论上讲，一款无限供给产品完成研发后，不论用户有多少，需求量有多大，企业皆有能力满足，不会存在产能制约的问题。此时，用户数量，或说需求端，成了决定企业规模的核心因素。

第二，有限供给产品的生产具有较高的边际成本，而且边际成本还有递增的特点。销售增长不能低于成本增加，是企业进行价格决策和生产决策的基本前提。因此，有限供给产品不会为了获取用户而不顾及成本。对于无限供给产品而言，由于没有了边际成本的制约，只要用户数量足够庞大，产品即便定价很低，也有可能获取可观的利润。

因此，争取市场规模对于无限供给产品来说意义重大。无限供给产品生产企业能做到多大规模，本质上不在于产品能有多少产出，而在于产品能吸引多少用户。所以，用户是决定企业规模的最核心因素。

也就是说，比较而言，**有限供给产品的规模效应更多地体现在供应端，企业做大靠产能扩张；而无限供给产品的规模效应更多体现在需求端，企业做大靠用户增长**。

前面谈到，有限供给产品的使用，一般会伴随损耗或者折旧的发生，因此使用过程本身就是一个消耗过程，以及一个成本发生的过程。这些产品的使用多是竞争性的，也是指向性的。拿一根钢材来说，如果用来修铁路，就无法用来造汽车；一间房子，如果用来住人，就不能同时用来做商铺或生产车间。

以数字产品为代表的无限供给产品则不然。**无限供给产品不仅没有使用损耗，而且通常也具有另外一个重要特征，即一物多用，更具体地说，就是一件产品或一个平台有很多功能可以同时使用，且不会产生冲突**。例如，微信既可以作为社交通信工具，又可以作为营销推广工具，还可以用作支付转账、游戏入口、电商推广通道、电子媒体……

当终端用户下载使用微信时，他们既是产品的消费者，同时又为腾讯公司创造了广告收入、金融服务收入、网购分成收入等。因此，我们可以说微信既是服务终端用户社交需求的消费品，又是帮助腾讯获取多元化收入的“生产工具”。微信的各个终端用户，既是消费者，又是腾讯“2B”业务的运营载体。正是基于这一特点，微信的下载和使用是免费的，但腾讯却因这款 App 获得了巨大的收益。

微信的例子清楚地告诉我们，数字产品类的无限供给产品的一物多用功能，意味着该相关产品的供应商不必完全指望通过产品的直接销售来获取收益。如果企业认为有必要，可以通过数字产品和智能产品的版税、授权费获取产品的直接收益，除此之外，企业完全有可能通过广告，以及产品推广提成等获取其他收益。可以将这些其他收益统称为衍生收益。有趣的是，数字产品和智能产品的衍生收益可以远远高于其直接销售收入。

生产有限供给产品的传统企业，无论其产品多么受到市场追捧，其规模都永远无法摆脱企业产能的制约。企业若想增加规模，不仅要开拓市场以吸引更多需求，还必须从供应端角度增加人力、物力（设备、生产资料等）的大量投入以扩大产能。由于传统行业的企业产能增加是一个需要大量资金投入和建设时间才能得以完成的相对缓慢的过程，所以，传统行业的企业很难实现几何级的爆发式增长，也就是现今人们经常提到的裂变式增长。

新经济中从事智能产品和数字产品生产的企业，其产品如果是无限供给产品，那么前期研发可能需要较大投入和较长时间，但是一旦有好的产品成功推向市场，该项产品的供应就可完全摆脱产能的制约。在互联网和新媒体的推波助澜下，企业只需在推广和营销方面下功夫，就可以在较短时间内实现从无到有，从小不点儿成长为巨人。

举例来说，抖音是一家2016年才上线运营的社交软件，依靠抖音的裂变式增长，字节跳动在三年多的时间内即成长为一家具有全国乃至国际影响力的集社交、娱乐、传媒于一体的巨无霸企业。2015年成立的拼多多，是一家专注于C2B（消费者到企业）拼团的第三方社交电商平台，2018年7月，拼多多正式登陆美国资本市场，市值达到240亿美元。2018年8月，拼多多公布上市以来的首份财报，当年第二季度营收同比增长2 489%。依据该公司披露的2019年年报以及该公司2020年4月末的市值，拼多多已经成为中国第二大电商平台，已然超过了京东和唯品会，规模仅次于淘宝。

关于新经济时代无限供给产品生产企业的裂变式增长模式，我们会在本书第六章进行更深入的讨论。

无限供给对传统经济思维的颠覆

传统的经济学理论中用以刻画投入—产出关系的生产

> 函数，对于无限供给产品的供应量而言，不具有任何意义。无限供给产品一旦产生，永远不会出现供不应求的情况，市场出清也无从谈起。

卡尔·夏皮罗和哈尔·范里安在《信息规则：网络经济的策略指导》一书中特别强调："技术会变，经济规律不会。"但笔者并不这样认为。技术改变，经济规律或部分经济规律有可能也会产生变化。现在我们就来讨论传统经济向新经济转变过程中，经济规律的一些变化。

按照传统经济学的稀缺性假设，由于资源是有限的，而产品的生产必定消耗资源，所以产品是稀缺的，产品产量也是有限的。资源的稀缺程度是决定资源价格和利用这些资源所生产出的产品价格的核心因素。尽管从宏观层面看，新经济领域依旧存在某种意义上的资源稀缺性。但从微观层面看，对于无限供给产品和无限供给要素而言，稀缺性不再是一个重要挑战。

传统产品的产量，是由资源投入的多寡决定的。比如多生产一件产品，就要相应地多占用或消耗一份资源。智能产品和数字产品（如软件）等无限供给产品的生产，当然也要消耗资源，如劳动力、能源。但是这些产品一旦生产出来，只要市场有需求，企业可以立即不受限制地增加供给，直至满足所有需求，无须额外增加资本或劳动力等资源投入（销售人员、带宽与营销费用除外），不存在供不应求这一情况。

传统的经济学理论中用以刻画投入—产出关系的生产函数，对于汽车、粮食、服装等的产量是有效的，但对于软件、数据、音视频产品等的拷贝数量，就失去了意义。

在稀缺性、竞用性方面，技术和数据这些新型生产要素和传统要素，即土地、资本、劳动力之间有着天壤之别。技术和数据是人们创造或加工的知识型产品，从宏观层面讲，它们总是稀缺的，社会的进步需要不断创造出更多的技术和数据，也需要更好的技术和数据。然而，从微观层面来看，任何一项技术，任何一组数据，一旦产生，就不再稀缺。已经拥有的技术和数据，可以没有损耗地被不断使用，也可以被许多企业和个人同时使用，无论你想使用已有的技术和数据生产多少产品，永远都不会供不应求。

简单来说，土地、资本、劳动力等传统要素的供给是有限的，也是稀缺的；而技术和数据要素，要么还没有产生，要么一旦产生，供给就无限大，不再稀缺。

生产过程中消耗的资源形成了所谓的生产成本。传统工业产品、农业产品的生产产量越大，消耗的资源就越多。因此，总的生产成本随产量增加而不断增加。对于新经济领域的无限供给产品而言，生产一件产品通常需要投入大量的人力、物力资源，一旦产品生产出来，增加供应将不再需要额外成本（如图 2.1 所示）。

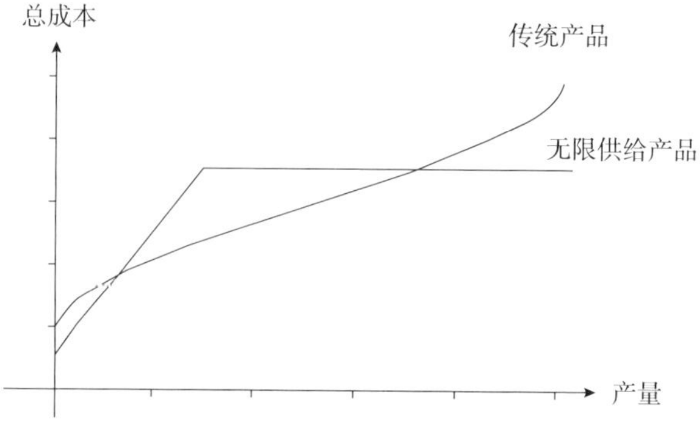

图2.1　传统产品和无限供给产品的总成本和产量的关系

资料来源：笔者整理。

正是由于传统工农业产品的总生产成本随产量增加而上升，即边际成本为正，市场出清就变得非常重要。当产品供过于求时，卖不掉的产品就会积压，从而造成浪费，无端增加企业成本。此时，企业就会选择减产降价以消除库存积压。反之，当产品供不应求时，产品就会涨价。此时，企业会发觉提高产量有利可图,并相应调整投资和生产计划,增加投资、扩大产能，最终使供求处于均衡状态，也即所谓的市场出清。

无限供给产品永远不会发生短缺，因为市场需要多少，企业就可以以零边际成本供应多少。这类产品通常也不会存在库存积压问题，因为需要花钱生产的产品只有一件，除非一件产品也卖不出去，更何况已经花掉的前期费用全都变成了沉没成本。所以，传统经济学中的市场出清假设对于新经济中的无限供给产品也就失去了意义。

由于不会出现供不应求，也不存在供过于求，传统经济

中依靠价格调节来平衡供求关系的市场机制在无限供给产品市场中悄然发生了改变。以微软为例，将 Windows 操作系统价格提高一倍，尽管销量减少，也不会感受“过剩”的压力；将价格砍掉一半，需求增长再多，也不会出现供不应求的情况。当市场环境变化时，微软出于利益最大化考虑会做出涨价或降价的决定，但价格调整绝对不是因为供求关系不平衡，也不是为了消化库存，卖掉所有产品。

资产无形化和用户资产化

> 所谓轻资产，其实是指轻固定资产投入，或轻有形资产。成功的新经济类企业，特别是数字经济企业，一般拥有大量的无形资产，所以它们其实更准确地说是资产无形化公司。对无限供给产品生产企业而言，用户是最为重要和最为关键的资源，用户（或流量）理应被视为企业的资产，而且是核心资产。

资产是企业拥有或者控制的、预期会给企业带来经济利益的资源。在传统工业经济时代，企业的规模在很大程度上是由企业产能决定的。企业规模的扩大和经济效益的增长，离不开产能的扩张。而企业拥有的产能大小，主要取决于其所拥有厂房、机器、设备等固定资产的规模。因此，企业拥有相对于销售规模来说很重的资产。在传统经济领域，特别是在装配制造业和重化工行业，“重固定资产”是一个非常普遍的现象。

在新经济时代，特别是在人工智能、数字经济领域，技术、创新能力与商业模式决定了企业的市场前景，企业在重型设备、机器厂房等固定资产方面的投入也在明显减少。尤其对于新经济中无限供给产品的生产企业而言，产能已经不再是企业规模的决定因素。这类企业的资产，按照流行的说法，大多很“轻”，属于所谓的“轻资产”模式。

尽管“轻资产”的概念已经约定俗成，被社会大众广泛接受，但细究起来，这个说法并不完全准确。如果一个企业投资几百万元，就能成长为今日头条、拼多多这样的大型企业，甚至成为 BAT（百度、阿里巴巴、腾讯的简称）这样的巨无霸，那这个企业必定有其独特的、能带来巨大经济利益的核心资源，或称核心竞争优势。这些核心资源同样是企业的资产，只是没有具体的物理形态罢了。这些资源当属无形资产的范畴，有些会反映在企业的财务报表（资产负债表）中，有些也许不好准确认定价值，干脆不在财务报表中体现。需要强调的是，没有被统计在财务报表中的资产，或价值被低估的资产，仍然是资产。所以，所谓“轻资产”，其实是轻固定资产投入，或轻有形资产。成功的新经济类企业一般拥有大量的无形资产，所以它们其实更准确地说是“**重无形资产**”公司，或“**资产无形化**”公司。

腾讯 2019 年年度报告显示，2019 年底该公司无形资产为 184.99 亿美元，房产及设备为 88.44 亿美元，存货资产只有 1 亿美元。房产及设备与存货资产账面价值远低于无形资产，在腾讯高达 1 369.55 亿美元的总资产中，所占比重更是微乎其微。如果我们考虑到腾讯绝大多数无形资产因为难以计量和确认，按照现行会计制度，无法或无法充分在财务报表中加以确认，那么腾讯的真实无形资产总价值肯定更会远远大于其房产和设备等固定资产的价值。

技术和数据，正是新经济时代最典型的无形资产。新经济领域的许多企业，其财务报表中的资产规模相对较小，而企业价值却相对较高，具有较高的市净率[①]。主要原因就是这些企业无形资产占比很高，而且没有充分反映在财务报表里。

我们前面已经谈到，对于无限供给产品生产企业而言，用户是最为重要和最为关键的资源，因为无限供给产品生产企业的成长主要在于用户规模的扩大，而非产能的扩张。在新经济领域，特别是互联网行业，企业和用户之间通常会形成一种长期依存的关系，而不是一锤子买卖。用户一旦获取，可以长时间源源不断地为企业贡献收入和利润。因此，许多新经济企业为了获取用户，通常不惜投入巨额资金。很多人将此行为描述为“烧钱”。企业在用户身上“烧钱”，归根结底是因为用户是新经济特别是数字经济时代企业获取经济效益的关键性资源。按照资产的定义，**用户（或流量）理应被视为企业的资产，**

① 金融概念，指公司市值除以净资产的比率，简称 P/B。

而且是核心资产（如图 2.2 所示）。

用户应该被视为无限供给产品生产企业的核心资产，还有另外一个重要原因，即无限供给产品生产企业的市场价值（估值）和企业用户规模息息相关。

兴起于 2014—2015 年的中国网红经济，经过 2019 年跨越式发展之后，有机构预计，2020 年总规模有望超过 7 000 亿元。网红，特别是尖端网红的盈利能力和身价，进一步诠释了新经济时代用户（流量）作为核心资产的重要性。以李佳琦为例，2020 年 1 月 5 日晚，李佳琦直播推销了某款麻辣香肠，5 分钟狂卖超过 10 万包，累计观看 1 677 万人次，不难估算其一场直播可以获取的惊人收入。一个顶级网红的年收入超过一家普通的 A 股上市公司的年收益，已不是什么新闻。网红挣钱靠什么？不靠房产，不靠设备，不靠投资！靠影响力，靠粉丝（用户）数，靠流量！如果我们把一个网红看成一家企业，其重要资产几乎只有一样：用户（粉丝）。

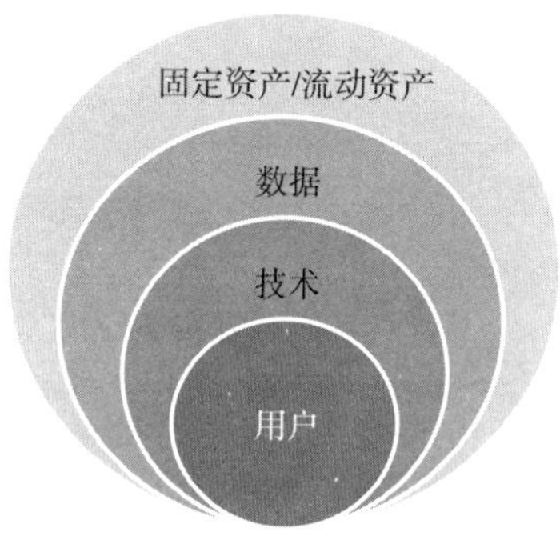

图2.2　无限供给产品生产企业的资产组成

当任何产品或要素的供给无限大时，企业的产能就不再是制约因素，传统经济学中供不应求的情况也不复存在。由于供应是无限的，产品的边际成本是零，成本因素不再是产品定价的最核心考量因素。粗略地说，数字产品和智能产品的价格，是由其自身价值和产品供应商的商业模式决定的。

第三章　无限供给与科技进步对 GDP 的影响

创新的经济学分类

> 创新并非帕累托改进的。创新在强化部分企业竞争优势的同时，也会导致其竞争对手的竞争能力下降，并因此重构产业格局和市场势力。创新有许多类型，根据不同标准，人们可以对创新有不同的分类。

创新是引领企业发展的第一动力。在市场经济中，除了教育和研究机构依然是推动科技进步的重要支柱之外，市场主体，即企业，在创新方面正变得更加积极和活跃。比较而言，企业创新的功利性和目的性要强烈得多。从本质上讲，企业的创新投入是为了建立企业在市场竞争中的优势地位，也就是我们经常提到的核心竞争力，从而获取更多利润。但创新具有强烈的外部性，即便是最为利己的技术和产品创新，多数情况下，最终也会产生利他的效果，并推动社会和经济的进步。

需要指出的是，由于创新和企业竞争地位密切相关，所以，创新并非帕累托改进的。创新在强化部分企业竞争优势的同时，也会导致其竞争对手的竞争能力下降，并因此重构产业格局和市场势力。当创新具有某种革命性，能够提供一种全新的产品和服务，或以更低廉的成本提供更方便优质的产品和服务，从而在很大程度上或根本上替代现有产品和服务时，创新便成了一种颠覆性力量，可以在一定程度上改变已有的市场格局。如手机颠覆了传呼机，数码相机颠覆了胶卷等。大量的历史事件表明，因循守旧，对颠覆性技术缺乏足够敏感或应对措施的企业，包括许多大型企业，会因为市场和用户的逐步流失而衰退，甚至倒闭。

创新有许多类型。根据不同标准，人们可以对创新有不同的分类。本书依据创新对产品生产过程和交易过程等不同环节的影响，将创新分为以下几种主要类型。

（1）改善劳动资料的创新。新的机器设备、生产工具的研制，机器设备性能、效率的提高，都属于改善劳动资料的创新。

（2）扩大和改善劳动对象的创新。劳动对象是把自己的劳动加在其上的一切物质资料。创新和技术发展使人们可以选择更丰富、更好、更廉价的劳动对象。

（3）产品功能和质量提升方面的创新。这方面的创新和进步最为常见，我们所使用的很多商品，从服装到手机、电脑、电视、空调、汽车，再到家装建材都越来越好，就是技术创新的体现。

（4）新产品和新服务的创造。技术创新也在不断丰富物质和文化产品的种类。无人机、智能机器人、人脸和语音识别、自动翻译机、移动支付、干细胞医疗都是这方面很好的例证。

（5）交易环节的创新。交易环节的创新和发展旨在改进交易效率、降低交易成本、促进市场公平。一个公平、高效的交易环境，对于促进经济繁荣和改善人民生活而言意义重大。远程交易、去中心化交易、直播带货等都可以被看作交易环节方面的创新。

创新和技术进步究竟会对一个国家的经济发展产生什么样的影响？要回答这个问题，我们必须首先思考究竟应该如何衡量一个国家的经济发展水平。鉴于目前各个经济体普遍采用 GDP 作为衡量经济活动规模及经济增长的主要指标，本书将着重剖析科技发展对 GDP 的影响，以及 GDP 指标在反映经济活动动态变化方面的局限性。

智能和数字时代GDP指标的局限性

将 GDP 作为衡量新时代经济规模的重要指标，是极其不完善的。科技进步加速，新的业态发展，无限供给产品开启免费模式，都大大放大了 GDP 指标的缺陷——GDP 和经济活动的真实情况距离越来越远了。

经济活动，从本质上讲，不论其初衷如何，最终是要为解决社会需求和提高人们生活质量服务的。人们的需求是多维度的，一个经济体为满足社会需求所提供的产品，包括生产资料和生活资料，不仅有数量多少（规模大小），也有质量高低和种类差异。因此，从理论上讲，为了衡量一个经济体的经济活动水平及其动态变化，我们不仅需要度量其提供的产品和服务的数量多少，而且要关心这些产品和服务的质量高低。然而，这并不是一件易事。

目前，全世界通行的衡量经济规模的方法是按一定的规则去统计 GDP。在通常情况下，人们谈经济增长，指的就是 GDP 增长。那么，在新经济时代，沿用多年的 GDP 这个指标的科学性究竟如何呢？

按支出法统计，一个时期的 GDP，等于该时期购买的各项最终产品和服务支出的加总。因此，在同一时期，不同质量的同类产品，因销售价格不同，贡献的 GDP 也不同。

举例来说，如果一个国家生产并销售了两种皮鞋：一双普通皮鞋售价为 500 元，一双高档皮鞋售价为 3 000 元。如果在同一个统计年度，普通皮鞋和高档皮鞋各生产并销售了一双，毫无疑问，皮鞋行业该年贡献的 GDP 会被统计为 3 500 元。

然而，如果考虑皮鞋的跨期销售，以及对 GDP 增长的贡献，问题就会变得复杂起来。不妨考虑一个简单的例子，某国在基准年 t 生产的都是普通皮鞋，卖出两双共计 1 000 元；在基准年的后一年 t+1，由于改进了设计和工艺，普通皮鞋停产，皮鞋行业开始生产销售高档皮鞋，也卖出了两双共计6 000 元。从 t 到 t+1，皮鞋行业为该国的经济增长的贡献究竟有多大？在现行经济核算体系之下，由于皮鞋质量改进很难度量，皮鞋从 500 元一双卖到 3 000 元一双，每双多卖出来的 2500 元大体会被视为价格变动，因此，按**不变价格**计算，t+1 年皮鞋贡献的 GDP 依旧被计算成 1 000 元，没有增长。皮鞋质量提高为消费者带来的福利，被完全忽略了。

GDP 归根结底是根据最终产出的总价格来衡量的。在科技发展日新月异的今天，经常会有这样的情况发生，新产品在功能上可以完美替代旧产品，但由于新技术、新材料、新工艺的使用，生产成本可能会大幅下降，所以新产品的价格相对来说要低廉得多，以至按照目前通行的 GDP 统计方法，新产品尽管科技含量更高，使用价值更好，但对于 GDP 的贡献反而可能会减少。

例如，个人计算机的信息存储，早前使用的是容量极其有限的软盘，后来使用的是用起来并不方便的光盘，再后来使用的是方便易带、存储量要大很多的 U 盘。真实的历史数据是，1976 年希捷公司研制出 5.25 英寸的软盘，售价为 390 美元，在当时这是一笔不小的开支，其容量不到 1MB；2020 年，一个容量 32GB（1GB=1 024MB）的普通 U 盘，售价只有几美元。因此，按照目前通行的 GDP 核算方法，U 盘替代软盘，使得信息存储行业贡献的 GDP 反而减少了，至少 1GB 存储媒介产生的 GDP 减少了。

再如，手机短信、微信语音等的出现对比传统邮局收发电报再安排送到用户手中，不仅快捷方便太多，而且便宜了太多。另外，医疗科技进步对人民生活的改善可谓至关重要。新中国成立前，一个患者倾家荡产，到处求医问药，也无法治愈的疾病，现在可能只需服用几个疗程的药片就能药到病除。普通工薪阶层也能负担得起，而且治愈率很高。现在每个肺结核病例的治疗所贡献的 GDP，按不变价格计算，比 70 年前低了很多。也许很多人会说，由于医疗科技进步，中国现在的医疗行业所贡献的 GDP，比起 70 年前，规模大多了。此话不虚。不过，如果沿用 70 年前的医疗技术，人民群众要想享受今天的医疗服务水平，达到今天的健康程度和预期寿命，那么医疗行业贡献的 GDP 可能要高出几倍甚至几十倍。

另外，在新经济时代，数字化、互联网化的趋势日益显著，许多数字化产品和互联网服务的供给是无限的。这些无限供给产品由于供应量大，边际成本极低甚至为零，所以收费也极低，甚至免费。例如，百度的搜索引擎服务，高德地图的定位、导航服务，微信的社交服务与视频通信服务等，对于许多用户而言，价值极高，甚至是不可或缺的，但这些服务并不直接向用户收取费用，而是通过广告、流量转化等其他方式获取收益。由于是免费模式，按现行的国民经济核算方式，用户使用这些服务所获取的使用价值无法在 GDP 中得以体现。

也许有人会说，GDP 是衡量产出规模和经济增长的重要指标，但在本书中主张将其归类为经济发展的范畴。因为将 GDP 作为产出规模和经济增长的衡量指标，虽然有一定的道理，但细究起来却发现存在许多问题以及内在逻辑矛盾。举例来说，一部小米手机卖 3 000 元，同时，一部华为手机卖 5 000 元，两者贡献的 GDP 自然不同。人们会认可这种差异，并将其归结为小米和华为设计、配置、质量以及品牌的差异。比如去年 1 公斤大米卖 5 元，今年卖 6 元，大家会说大米价格上涨了 20%，所以，按不变价格计算，1 公斤大米在去年和今年贡献的 GDP 没有差异。如果华为去年上市的手机（Mate 7）售价为 5 000 元，今年上市的手机（Mate 8）售价为 6 000 元，那么这里 20% 的价格差异到底在核算 GDP 增长时，应该考虑为物价上涨，还是产品质量的差异？去年的大米和今年的大米，可能没有明显区别；但去年的手机（Mate 7）和今年的手机（Mate 8），变化却显而易见。如果这 1 000 元的差异被当作"通货膨胀"考虑，那么为什么同一年的小米手机和华为手机的质量差异会体现在 GDP 统计中，而不同时期的 Mate 7 和 Mate 8 的质量差异，在经济增长（以不变价计算）的核算中在很大程度上"被消失"了？

科技创新对GDP的多重影响

目前的 GDP 核算方法通常会严重低估科技创新对经济增长和发展的正面影响，特别是在科技创新带来的产品质量改进方面，GDP 核算方法存在非常严重的偏差。科技创新不仅可能会带来新产业出现和原产业扩张，而且可能会带来旧产业的萎缩和消亡，产生减法效应。旧产品和旧产业的消失，是因为在科技进步的大潮中有了新的替代者。但这种替代关系如何能在 GDP 核算中得到合理和准确的体现，目前还是一个难题。

科学技术是知识形态的生产力，一旦加入生产过程，就会被转化为物质生产力。因此，科学技术在当代生产力发展中起着决定性作用，长期被看作推动经济增长和经济发展的首要因素。

传统观点认为，技术创新通过两种途径来推动经济增长。

第一种是技术创新通过对生产力三要素的渗透和影响，提高生产率，推动经济增长。蒸汽机的发明就是典型的例子。

第二种是在高科技基础上形成的新产业，其产值直接成为国民生产总值的组成部分和经济增长的重要来源。例如，手机和现代通信业的发展，不仅极大地改变了人们的生活方式和沟通方式，而且创造了大量的新兴产业，大幅改变了国民经济版图。

传统经济学理论的上述两条总结，对于刻画当代科学发展和技术创新对经济增长和经济发展的影响，过于简单、片面和狭隘了。技术创新不仅会带来产品“量”的变化，而且会带来产品“质”的改进；不仅会创造新产品和新产业（加法），而且会淘汰旧产品和旧产业（减法）——例如，数码相机的发展，几乎淘汰了胶卷。产品的“质”如何量化，以便合理体现在 GDP 等统计指标当中？技术进步引发的加减法如何冲抵，以便准确反映经济规模的变动？这些答案仍是一个未知数。

为了便于回答这些问题，我们先考虑一个最简单的经济模型——只生产一种同质化产品——大米。这也是传统宏观经济学理论研究的惯常做法，为便于比较，将复杂的经济体抽象看作一种同质化产品。很简单，这个经济体的规模或 GDP，就是一年生产了多少大米。在这种经济里，技术创新当然也更简单直白，也就是技术创新让每亩地多产出多少大米，以至于大米总产量每年增长多少。

但是，当我们考虑一个经济体生产两种或两种以上的产品时，技术创新的影响就复杂多了。所以，我们不妨假设一个经济体原来只生产大米，后来因为科技进步，该经济体发明了手机，并开始生产与销售。为避免引入货币使得我们的分析复杂化，我们就以大米作为计价单位和一般等价物。

起初，由于生产技术尚不成熟，加之研发成本需要摊销，产业配套不完善等，因此，手机生产成本和售价很高，比如高达 2 万公斤大米 。此时，如果该经济体一年生产了 100 万公斤大米和 30 部手机，那么 GDP 总量就是 160 万公斤大米。此后，伴随科技不断创新，手机质量不断提高，但生产成本和售价却越来越低，时至今日，新的智能手机已经基本取代了老式功能手机。但如今智能手机的售价，只有传统功能手机的一个零头，比如一部智能手机相当于 800 公斤大米。假如今年该经济体总共生产了 120 万公斤大米和 300 部智能手机，GDP 则只有 144 万公斤大米，与去年的 GDP 相比下降了 10%。这就产生了一个大大的悖论，今年无论是大米本身的产量还是手机的产量，都比去年有明显增加，而且手机质量还有显著提高。按照产量来计算，今年实际的经济规模要比去年大许多，但 GDP 为什么反而还减少了呢？这正是本书要讨论的科技进步与 GDP 关系的问题。

许多人一定会想到 GDP 统计中涉及的价格问题，认为经济增长，即 GDP 增长用的是不变价格，如果手机按去年的价格计算，今年的 GDP 应该是 720 万公斤大米，比去年增长 350%。这个说法有一定的合理性，但也有许多值得商榷之处。首先，现实中各经济体统计 GDP 时使用不变价格，主要是为了消除货币贬值，也就是通货膨胀的影响。其次，刚才的例子并不涉及货币发行和货币贬值等问题。最后，各个国家和经济体在统计不变价格的 GDP 时，并未采纳“720 万公斤”的算法。举个实际的例子，20 世纪 70 年代初期，电脑相比过去的确便宜许多，但是 1972 年的高端电脑惠普 3000 依旧卖到了每台 9.5 万美元，等于今天的 60 多万美元。中国现在每年的电脑生产出货量有 5 000 多万台，相信无论是内存、算力、速度、功能都远在惠普 3000 以上，按 1972 年的价格计算，中国如今仅生产电脑这一项，总产值就高达 5 万亿美元，而且是按照 1972 年的汇率来计算的，如果按照今天的汇率来计算相当于约 30 万亿美元。但国家统计局公布的数字，2019 年中国的 GDP 大约是 14.4 万亿美元（现价）。

将大米和手机的例子再细究一番，今年的大米和去年的大米质量差别不会太大，几乎可以忽略；而今年的手机和去年的手机在功能上也许已经大不相同。通过问卷调查发现，消费者普遍认为新发售的手机功能和使用价值是去年手机的 5 倍。考虑产品质量差异后，再按照上述方法计算，今年的 GDP 将会高达 3 120 万公斤大米（120 万 + 300 × 5 × 2 万），与去年相比增长 18.5 倍。

这样一来，由于技术创新，如何衡量经济规模的变化或经济增长，就变得相当复杂了。上面三种不同算法，得出的三个结果可谓大相径庭，其差异无法忽略。如果从国民的获利方面来看，第三个数据则更靠谱些。然而，在实际中，各经济当局依据现行统计方法，不可能考虑产品质量的这些变化，公布的 GDP 数据要小很多。如果，经济当局将智能手机视作一个和原来的功能机不同的新产品，计算出来的 GDP 和第一种结果相近甚至相同。由此可见，现行的国民经济核算体系，在技术创新日新月异的当下，其实大大低估了技术创新对经济增长所做出的贡献。

我们再进一步利用简单的模型讨论一下技术创新的“减法效应”。为此，我们对上述的简单经济模型做些小的调整。该经济体生产三类产品，分别是大米，自带语音功能的手机

（以下简称手机），还有照相机以及配套耗材胶卷。去年，该经济体生产了 100 万公斤大米，80 部手机（1 万公斤大米可以买 1 部手机），100 部照相机（5 000 公斤大米可以买 1 部照相机）和 1 000 个胶卷（每个胶卷可拍 30 张照片，每个胶卷等于 10 公斤大米），那么，去年该经济体的 GDP 总量为 231 万公斤大米。今年，该经济体发明了数码照相技术，并把数码摄像头集成到了手机上。由于技术创新导致生产效率提高，该经济体今年生产并销售了 120 万部带有摄像头的手机，售价仍为 1 万公斤大米 1 部。新手机除了具备照相功能外，还有游戏功能，每个手机用户一年花费 50 公斤大米的费用玩手机游戏。但由于手机带有数码照相功能，所以照相机和胶卷行业就被淘汰了。另外，由于手机用户可以免费使用手机的照相功能，所以照片拍得更多了。去年每部相机平均拍照 300 张，整个经济体拍照 3 万张。今年每部手机平均拍了 1 000 张照片，总计拍了 12 万张照片。大米今年的产量还是 100 万公斤。

如果我们做个直观的比较，不难发现今年从经济规模、消费者获得福利的角度看，比去年增加了。大米产量没变，但更多的人使用上了手机，更多的人有了照相设备，拍了更多的照片，还衍生出一个游戏行业。这些都体现了技术创新的“加法效应”。然而，在这个模型中，技术创新的“减法效应”也显现出来了。由于数码技术的发明和产品的集成化，传统的光学照相机和胶卷生产行业被淘汰或被替代了，从此成了历史。由于“减法效应”或称“替代效应”的存在，技术创新增加了消费者的福利,但按照现行的经济核算方法，GDP 却减少了相当大一部分。此例中，今年的 GDP 只有 220.6 万公斤大米，反而比去年减少了大约 4.5%。这个简单的模型揭示了两个重要结论：第一，按照现行的经济核算方法，GDP 并不能准确反映经济活动的所有内涵和消费者（国民）福利；第二，由于“减法效应”或“替代效应”的存在，技术创新有可能会导致按照现有方法核算的 GDP 总量减少。

总体来说，第一，我们的模型和讨论显示，目前的 GDP 核算方法通常会严重低估科技创新对经济增长和发展的正面影响，特别是在科技创新带来的产品质量改进方面，GDP 核算存在非常严重的偏差。第二，科技创新不仅能带来新产业出现和原产业扩张，而且可能带来旧产业的萎缩和消亡，产生“减法效应”。这样导致有些时候，科技创新并不能增加按照现有方法核算的 GDP，甚至会使其减少。一般而言，旧产品和产业的消失，是因为在科技创新的大潮中有了新的替代者。但这种替代关系如何能在 GDP 核算中得到合理和准确的体现，目前还是一个难题。

不同类别的科技创新对经济的影响

不同类别的科技进步和技术创新，对 GDP 统计的影响差异很大。产品功能和质量提升方面的创新，新产品和新服务的创造，以及交易环节的创新是新经济时代最常见的创新类型，它们对经济发展贡献巨大，但这些贡献最容易被现行 GDP 核算体系低估乃至忽略。

传统的经济增长理论和宏观经济研究，如 Solow 模型、RBC 模型等，通常把科技进步看成是一个综合、抽象和同质化的因素，通过影响生产效率，推动经济增长和经济波动。这种处理方法固然简单，但显然不利于深入探讨技术创新对经济影响的复杂性、多元性，不利于研究科技创新影响经济的机理和途径。我们将依据本章第一节所做的创新分类，探讨不同种类创新对经济增长和经济发展的影响。

（1）改善劳动资料的创新。劳动资料或称劳动手段，是劳动者在劳动过程中用来改变或影响劳动对象的一切物质资料或物质条件。劳动资料中起决定作用的是生产工具，决定劳动者劳动效率的高低。卡车代替了扁担，搬运效率提高了；拖拉机代替了耕牛，农业生产发展了；机床代替了人手，工业产品的生产能力和效率提升了。这些都是劳动资料创新的例子。劳动资料的创新是最传统、最常见的技术创新形式，主要作用就是提高生产效率，并因此推动物质财富的创造和经济增长。

（2）扩大和改善劳动对象的创新。劳动对象是把自己的劳动加在其上的一切物质资料。劳动对象可以分为两类：一类是没有经过加工的自然环境中的物质，如煤矿、原油、森林等；另一类是经过加工的原材料，如棉花、钢铁、面粉、木材等。纤维板代替木材，钢化玻璃代替钢板等都是劳动对象创新的例子。当代新的材料革命和生物工程的兴起，意味着企业可以选择性能更好、更廉价的劳动对象，这对于经济发展具有重大意义。例如，用工程塑料代替某些金属来制造产品，不仅可以提高产品质量，而且可以采用层压、喷射、挤压等新工艺、新方法，节省加工费用；采用新的陶瓷材料制造发动机，由于它具有耐高温的性能，不必采取降温措施，所以可以节省大量的能源。再如，单晶硅片的制成，推动了电子工业的迅猛发展；采用生物遗传工程的方法培养优良物种，将极大地促进农牧业的发展。

从整体上讲，劳动对象的创新和多元化，能够极大地丰富人们生产物质产品的种类，为消费者提供更多选择，推动社会发展和经济繁荣。但劳动对象的创新对经济增长和发展的影响，比起劳动资料创新的影响，要复杂许多。劳动对象的创新当然有提高生产力的作用，例如新稻种的选用或原稻种的改良可以提高水稻的亩产量。但有时候，新的劳动对象被创造和采用仅仅是因为其价格低廉。低廉的劳动对象所生产的产品，大多时候，价格相对来说也低廉许多，对 GDP 的贡献自然也少了许多。例如，打造一把座椅，可以用塑料、金属、纤维板、普通木材等，也可以用黄花梨、紫檀等名贵木料，但不同材料做成的椅子，质量不同、口碑不同、价格不同，贡献的 GDP 也不同。

（3）产品功能和质量提升方面的创新。当代的科技进步和技术创新不仅表现在劳动资料和劳动对象上，更常见的是表现在产品性能和质量的改进与提升上。这种质量提升，在科技产品（如医药，生物技术制品等）、电子产品（如电脑、手机等）、数字产品（如软件等）方面表现得更为明显。同样是电视机，从黑白到彩色，从电子管到晶体管再到集成电路，最后到如今的智能化、立体化，质量和性能进步飞快。电脑、手机更是如此。摩尔定律提出当价格不变时，集成电路上可容纳的元器件的数目，约每隔 18~24 个月便会增加一倍，性能也将提升一倍。换言之，每 1 美元所能买到的电脑性能，将每隔 18~24 个月翻一倍以上。但以提高产品质量为主的技术创新，并不以改变生产效率为主要诉求。由于各种产品的质量改进没有一个量化标准，同时技术创新带来的质量改进通常又不会售价太高（例如电脑越做越好，但价格越来越便宜，越来越大众化），因此，综上所述，这类科技进步与技术创新对经济的贡献，并没有在现行 GDP 统计指标中得到应有的体现。

（4）新的产品和服务的创造。科技进步和技术创新也会带来许多新产品和新服务。贝尔发明的电话，爱迪生发明的电灯，本茨发明的汽车，都给人们带来了新产品。当代科技进步飞速，新产品可谓层出不穷。20 世纪 40 年代，人们发明了电脑；20 世纪 60 年代末，人们发明了互联网；20 世纪 90 年代，人们发明了电商；21 世纪人们还发明了移动支付。

如今，这一切的新发明、新产品和新服务，正在彻底改变亿万人的生活，改变人们经济活动的全貌。

然而，新的产品和服务，不仅是对原有经济活动的叠加，而且是对原有经济活动的替代。如微信语音通话正在逐步代替原来的电话服务；数字音像制品代替了原来的收录机和磁带；手机摄像头代替了光学照相机和胶卷；线上消费逐渐代替线下消费等。现如今家喻户晓的颠覆式创新，其实就是新技术替代旧技术，新产品替代旧产品，新服务替代旧服务。前文已经提到，这种替代存在“减法效应”。按照现行的经济核算方法，照相机和胶卷业务的凋零所带走的 GDP，似乎不足以被手机摄像头所填补。如同前文提到的，虽然这种创新从表面上看甚至会导致 GDP 减少，但这并不代表这类创新是无益的创新。只是按照现行的经济核算方法，GDP 数据通常倾向于夸大这种“减法效应”，而低估这类创新对消费者福利的正面影响。

（5）交易环节的创新。互联网、大数据及智能技术的创新和普及，以及现代物流行业的兴盛，对方便远程交易，减少交易的中间环节，降低信息不对称的影响，起了不小作用。总体来说，一方面，交易领域的创新可以大幅降低交易成本，从而促进交易规模的扩大。这对经济发展和 GDP 增长会起到积极作用。但另一方面，交易中间环节的减少及交易佣金的大幅下降又会对商业服务业所贡献的 GDP 产生一定的负面影响。

无限供给产品的GDP核算

无限供给产品的生产企业如果不是以直接销售产品获利，而是以衍生收益作为盈利来源，产品自身的使用价值将不被纳入 GDP 统计范围。无限供给产品的实际经济贡献，要比 GDP 指标所体现的情况重要得多。

无限供给是新经济时代许多行业出现的重要现象。其实，从某种意义上讲，如果我们把科研创新形成的知识产权看成一种产品（要素），那么供给也是无限的。无限供给产品究竟对 GDP 有何影响？该如何准确纳入 GDP 统计？这个问题很重要，尚缺乏足够的关注和研究。

对于面包、钢材、汽车这些有限供给产品而言，只要生产出来，无论是否能卖出，都会贡献相应的 GDP，只要把没有卖出的产品当作存货资产即可。那么对于无限供给产品而言，比如通用计算机软件、网络视频内容，如何计算存货？这种想要多少就有多少的东西，计算存货对生产企业来说，又有什么意义呢？

我们已经在上一章提及，并且在后面相关章节还会进一步分析，无限供给产品生产企业可以通过直接销售产品来获利（如微软销售 Windows 操作系统和 Office 办公软件），也可以免费提供产品，通过衍生收益来获利（如腾讯免费提供微信服务）。企业选择不同的商业模式又将如何影响 GDP 统计呢？

只要市场扩大，用户数增多，微软就能有更多的收入，并为美国贡献更多的 GDP，且无须像通用或波音那样增加太多的生产成本（销售和售后服务费用除外）。这类产品，市场规模扩大会自动导致支出规模和 GDP 的扩张。因此，对于这类产品而言，争夺市场，意义非常重要。

腾讯的微信和微软的办公软件一样，对用户来讲，都有其使用价值。腾讯免费提供微信，而靠衍生的商业服务赚钱。微信的衍生收益当然贡献 GDP，但它是由微信额外提供的其他服务的价值产生的。微信为用户提供的社交服务的价值，因为是免费模式，所以无法纳入 GDP 统计当中。

由于无限供给产品没有边际成本，加之网络连接带来的商业模式变化，免费产品和服务越来越多了。这些免费产品和服务的大量涌现，催生了新的行业，也给民众生活带来了极大便利。但是,不容置疑的是,这些免费产品和服务也颠覆、替代了产值颇高的一些传统业务。

随着科技进步、商业模式变迁、数字经济和智慧经济的兴起，人们的生活正在发生翻天覆地的变化。这种变化远比目前 GDP 统计数据体现的情况要重要得多，也大得多。毋庸置疑，新经济时代，技术、创新和数字化对经济发展的贡献被 GDP 严重低估了。

第四章　无限供给产品营收的独特属性

无限供给与长尾理论

随着互联网、大数据等技术的发展和普及，企业可以触及的用户数量呈几何级数增加，交易成本在迅速下降，产品供应量可以无限扩大。拼多多、微信、支付宝等的成功，靠的就是背后数以亿计的长尾用户。

所谓无限供给产品，当然是取之不尽、用之不竭的。这类产品在传统经济时代较为罕见，但在数字化、智能化和互联网化的新经济时代，却成为产品和服务的一个非常常见的类型。

对于这类产品的生产和运营企业而言，产品的生产总成本不论高低，都是相对固定的。由于产品供给无限，边际生产成本为零，企业当然希望用户越多越好。就好比“韩信点兵——多多益善”。为了争取用户，或争取更多用户，营销工作就成了企业运营工作的重中之重。对于许多提供无限供给产品的企业而言，营销费用在企业总成本中所占的比重非常高。

无限供给产品的用户，既可以是企业（如使用办公软件等），也可以是个人（如使用社交软件，视频网站等）。对于自身产品既能服务大型机构又能满足小微企业需要，同时能够为个人用户提供服务的企业而言，如果产品的供给是无限的，长尾用户就变得非常有价值。传统商业理论中的二八定律，讲述的是企业大部分利润其实来自少部分关键用户，因此，企业的主要营销目标就是争取并首先服务好关键用户，长尾用户不会被看得太重。对于新经济时代提供无限供给产品的企业而言，长尾用户因为数量庞大，反倒成了公司收入的主要来源。

从理论上讲，长尾用户的重要性和产品的边际成本之间存在显著的反向关系。私人飞机、豪华游艇、海景别墅，几乎从来不会考虑长尾用户。但通用软件、电商零售、社交服务、网络游戏显然不能只关心屈指可数的高端用户。

2004 年 10 月，美国《连线》杂志主编克里斯·安德森首次提出了长尾理论，用来描述诸如亚马逊和网飞（Netflix）这类网站的商业模式。按照长尾理论，过去人们只会关注重要的人或重要的事，如果用正态分布曲线来描绘这些人或事，人们只会关注曲线的“头部”，而将处于曲线的“尾部”、需要更多的精力和成本才能关注到的大多数人或事忽略。例如，在销售产品时，企业关注的是少数几个所谓的“VIP”用户，无暇顾及在人数上居于大多数的普通消费者。而在网络时代，由于关注的成本大大降低，企业有可能以很低的成本关注正态分布曲线的“尾部”，而“尾部”产生的总体效益甚至会超过“头部”。安德森认为，网络时代是关注“长尾”、发挥“长尾”效益的时代。只要存储和流通的渠道足够大，需求不强或销量不佳的产品共同占据的市场份额就可以和那些数量不多的热卖品所占据的市场份额相匹敌，甚至赶超。

安德森的长尾理论，更多关注的是互联网带来的商业模式和交易方法改变进而产生的影响。热门商品的单一品类销量虽然庞大，但众多小众、个性化产品，加在一起的总销量，同样拥有庞大的规模。当我们将目光转向没有边际成本、无限供给的产品时，销售收入就是毛利润，用户数量就是企业财富，长尾用户意义更加重大。

目前在全球价值和规模排行榜中名列前茅的高科技企业，绝大多数来自新经济领域，都提供无限供给的产品和服务，而且用户基数都异常庞大，如 Facebook、谷歌、亚马逊、阿里巴巴、腾讯、字节跳动等。可以说，Facebook、阿里巴巴、腾讯等之所以能有今天的成就，就是因为其拥有庞大的用户基数。

拼多多是近几年快速成长的一家电商平台。成立仅四年多，该平台已经成为中国第二大电商平台，市值高达 577 亿美元[①]。拼多多 2019 年年报显示，2019 年该平台实现成交总

① 2020 年 4 月 24 日收盘数据。

额（GMV）10 066 亿元，平台年活跃买家数达 5.852 亿人次，实现年营收 301.4 亿元。

拼多多是一家典型的依靠长尾用户起家的电商平台。平台在首页设置的天天领现金、限时秒杀、名品折扣、品牌清仓、砍价免费拿等功能，无一不是在突出自己追求低价的平台定位。平台的用户群体主要由三种人组成。

第一种是广大的学生群体，他们收入不高，资金实力不强，但购买需求旺盛，很在意价格是否优惠。第二种是三四五线城市的家庭主妇和宝妈，在拼多多平台上消费，完全是因为拼多多平台的商品价格低廉。第三种是打工族和职场新人，这部分人由于刚进入工作岗位，收入也不可观。在拼多多平台发展之初，用户多为三四五线城市及城镇人群，且多数为没有接触过网购的用户。近两年来，随着平台开始着重提升口碑，再加上百亿补贴等，慢慢地，一二线城市用户占比也有所提升，但是依旧没能改变购买低价和低端商品的人群占据主流的现实。

无限供给产品的需求与定价

无限供给产品是无法通过成本加成方法定价的，均衡价格由市场需求说了算，而不是由成本说了算。随意定价会损害企业自身利益，不利于企业利润的最大化。

无限供给产品的成本结构非常特殊，显著不同于一般的有限供给产品。这种产品的第一步是需要大量的研发资金投入，并形成沉没成本，但增加产量，成本并不相应增加。这种成本构成了巨大的规模经济，产量（供应量）越大，平均成本越小。

成本加成是传统经济时代最为常见的产品定价方式。这一经典的定价方式，对于无限供给产品来说徒劳无益，因为无限供给产品几乎没有边际成本。有人可能会认为，无限供给产品即便没有边际成本，但总该有平均成本，因为毕竟市场是有限的，产品销量不会无限扩大，平均成本不会小到零。依此逻辑，缺乏市场规模的产品就会卖出天价，而微软的Windows操作系统，如此巨大的销量，而且日复一日地生产，难道应该免费吗？事实当然不是这样。

有学者认为无限供给产品的价格取决于产品的自身价值[①]。这种说法有一定的道理，使用价值越高，用户愿意支付的价格当然越高。但是，在实际定价过程中，如何测量产品在用户心目中的使用价值却不是一件容易的事，更何况，不同用户有不同的价值判断，究竟以谁心目中的使用价值为准？如果我们以用户心中平均的使用价值为判断依据，那么，必然会把平均值以下的用户排除出去；如果我们以用户做出的最低价值为判断依据，那么许多产品就只能定地板价，显

① 如夏皮罗和范里安在《信息规则：网络经济的策略指导》中就曾强调此观点。

然影响企业的利润。

从理论上讲，无限供给产品的生产成本是固定的，即增加产量不会增加成本。企业利润就等于销售收入减去固定成本这样一个常数。显然，在此情况下，增加收入就等同于增加利润；最大化销售收入，等同于最大化销售利润。因此，产品的最优价格就是能实现产品销售收入最大化的价格。产品成本上升可以提升客单价，但却会压制用户人数的增长。产品定价太低，用户人数固然会增多，产品销售量会上升，但售价低廉并不见得有利于提高收益。企业该如何在销量和价格之间做好平衡呢？

经济学中有个概念，叫需求的价格弹性，也称为需求弹性或价格弹性，指的是价格每上升 1%，需求量（销量）会下降几个百分点。微观经济学的常识告诉我们，产品价格定得越高，需求的价格弹性也会越高。另外，产品销售收入和价格弹性之间存在密切的关联性。例如，当价格弹性是 1.5 时，价格上涨 1%，销量会下降 1.5%，销售收入因而下降约 0.5%。

依据上述原理，如果价格上涨 1%，销量下降超过 1%，即价格弹性大于 1 时，涨价会导致销售收入下降，此时不应涨价，而是要降价。如果价格上涨 1%，销量下降不到 1%，即价格弹性小于 1，涨价会导致销售收入增加，此时产品定价偏低，宜涨价。在价格弹性等于 1（称为单位弹性）时，价格不用涨，也无须降，处于最佳状态，此时销售收入最大

（如图 4.1 所示）。显而易见，此时的价格和产品销量都完全由市场需求决定，供给呈现的是一条水平直线。

上述分析表明，无限供给产品尽管具有零边际成本，即使是免费也不会让企业受损，但这种产品的定价也要讲究科学，尊重需求规律，随意定价会损害企业自身利益，不利于企业利润的最大化。如果企业是靠直接销售产品赚钱，而不是靠别的衍生收益获利，那么，为了从有承担能力的用户那里赚取足够多的收入，企业可能宁愿失去一部分用户，也不会把价格定得太低。

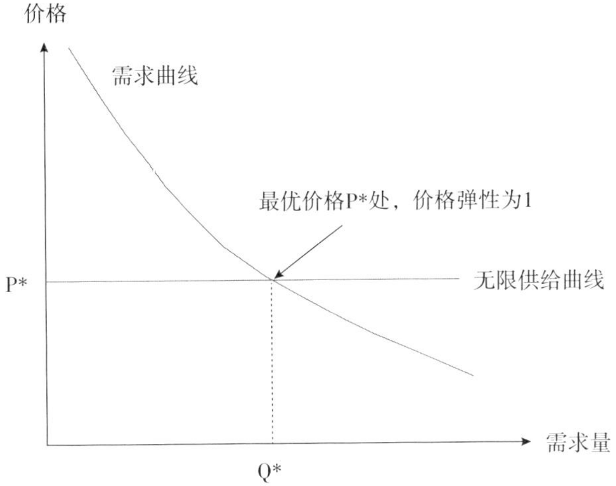

图4.1　无限供给产品的均衡与最优价格

资料来源：笔者整理。

对于一个有无限供给能力，但没有边际生产成本的企业而言，舍弃大量潜在用户终究是一件憾事。理想状态自然是，产品既能卖一个漂亮的价格，又能吸引规模巨大的用户群。虽然有限供给产品生产企业也同样希望能做到这一点，但是无限产品生产企业的这种愿望要强烈得多。

对于传统经济中的有限供给产品生产商而言，由于企业自身产能有限，边际成本是递增的，所以企业的利润并不能和产量同比例上升。更为重要的是，产能的制约导致单一企业不可能满足一个庞大的市场。比如汽车、房屋、玻璃、水泥、钢材、家具、食品、酒类等，市场规模均很大，但没有哪个产品是由一家企业包揽的。但电脑中使用的操作系统，仅微软一家公司就可满足绝大多数人的需求。

企业如何才能既定个好价钱，又有巨大的市场规模（销量）呢？一是改进产品的用途、质量、用户体验。微信、Facebook、百度、今日头条的成功，就是因为它们都能为数量极其庞大的用户提供受欢迎的服务和良好的使用体验。二是高效的营销和推广，提升产品知名度和口碑，快速吸引庞大的市场需求。按照微观经济学的说法，就是要实现需求曲线的向右移动。

大家都知道，微软是计算机操作系统领域的长期掌舵者。在个人计算机产业发展的较早阶段，市场上个人计算机供应商主要包括苹果、IBM（国际商业机器公司）和IBM克隆厂商。苹果电脑由于只兼容苹果系统，走了封闭路线。IBM由于反垄断的限制，存在很多克隆厂家，所以从硬件上来说是开放的。硬件上的开放形成了充分的竞争，导致硬件价格下降。

由于电脑市场价格弹性大，兼容机的市场规模迅速上升，在市场占有率上随即占据优势。在此基础之上，微软用相对低廉的价格将操作系统出售给厂商，使得微软的操作系统在兼容机的操作系统中占据了垄断地位，从而占有了操作系统的大部分市场份额。应用程序开发商会选择在占有更大市场规模的微软系统下开发应用程序，而苹果仍然选择在自己的操作系统下自行开发应用程序。这让使用微软系统的开发商之间形成竞争,在提高用户体验的同时,价格方面也达到了均衡，结果是让用户产生了极高的黏性。这种黏性表面上是对应用程序的依赖，实际上是对微软系统的依赖。渐渐地，微软成了计算机操作系统软件上的霸主，占据了 90% 左右的市场份额，从 20 世纪 80 年代一直到现在，都是世界上最赚钱的软件企业。正因为微软在操作系统领域近乎垄断的地位，微软的 Windows 正版软件向来售价不菲，且销量巨大。目前国内正版 Windows 10 的价格在 1 000 元左右，几乎抵得上集各种软、硬件于一体的一部价格优惠的智能手机。

“王者荣耀”是一款于 2015 年上线后极受欢迎的网络游戏，流行多年。相关资料显示，该游戏高峰期有 2 亿用户。由于用户基数大，用户（尤其是年轻用户）黏性很高，所以游戏里的道具，比如人物皮肤这种无限供给的虚拟产品，收费很高，少则数十元，多则几百元。腾讯每天单从这一款游戏中，大约可以获取 1 亿元的收入。

价格歧视——差异化定价策略

与有限供给产品不同，无限供给产品无法通过成本差异来拉开产品档次，但可以通过人为设定的某些特征，将产品区分为不同版本，并按不同价格出售。利用大数据等技术手段对用户画像，依据用户个性特征进行差别定价，对于无限供给产品销售意义重大。

无限供给产品是没有边际成本的，哪怕售价再便宜，只要价格大于零，企业也能获利。如果产品定价太高，大量潜在用户将不会或无力购买产品，无形当中将能带来一定利润的大量用户拒之门外，产生了用户资源浪费。而如果统一定低价，企业又会感觉没能从购买力强、能承受相对较高价格的用户那里赚到足够多的钱。为了解决这一矛盾，企业遂采取对不同用户收取不同价格的策略，也就是差别定价（differential pricing）或称价格歧视（price discrimination）策略。

所谓价格歧视，是指一家企业，针对不同用户，将相同产品卖出不同价格；或将表面上有微小差异，但成本几乎相同的产品，卖出差别很大的价格。微观经济学理论告诉我们，如果供应商能对用户进行区分并进行市场分割，那么应该在需求弹性大的市场卖低价，而在需求弹性小的市场卖高价。在传统经济时代，有限供给产品供应商有时也会使用价格歧视策略来提升销售,增加利润。例如,有些公园的门票对老人、儿童和学生等有较大幅度优惠；航空公司给提前较长时间购买机票的乘客提供更多折扣；美国出版的大学教材贴上国际版标签后在一些发展中国家销售，售价要比美国本土还便宜很多。

既然传统经济领域的有限供给产品也存在价格歧视现象，我们为什么还要特别对无限供给产品的价格歧视问题进行专门的讨论呢?

第一，对于传统经济中的有限供给产品而言，如粮食、制造业产品等，高企的边际成本，特别是边际成本递增和产能有限的特性是产品定价和销售策划中一条无法逾越的鸿沟。对于那些能承受的价格低于产品边际成本的用户而言，使用价格歧视策略也无法提升企业利润，供应商只能将其排除在有效用户之外。对于无限供给产品而言，由于产品的供应无限，边际成本为零，哪怕用户愿意支付很低的价格，也可以增加企业的利润，而且，这些只能或只愿支付低价的所谓长尾客户通常数量庞大，对于无限供给产品供应商而言，是其利润的重要来源。因此，采用价格歧视策略，让不同支付能力的人支付不同价格，并尽可能满足数量庞大的各类用户需求，对于无限供给产品生产企业而言，意义更加重大。

第二，有限供给产品可以相对容易地通过产品的档次区分来达到细分市场的目的。汽车、服装、食品、房屋等，可以非常方便地依据原材料、设计、质量、工艺、成本等的差异细分出丰富多彩的产品档次，然后利用不同档次的产品，去满足不同层级的用户。就拿汽车制造商奥迪来说，同期生产多种不同车型，例如 A3、A6、A8、Q5、Q7 等。每款车型配置不同、外观不同、性能指标不同、成本不同，且分属于不同档次。不同档次的汽车售价自然差异很大。有购买能力的高端用户可以买高档车，如 A8；中高端用户可以买 A6 或 Q5；普通用户则可以买 A3。通过产品的档次划分，即便回避通常意义上的价格歧视，也能细分市场和用户。无限供给产品生产企业很难跟着奥迪依葫芦画瓢。奥迪同时生产 A6 和 A8 并以不同价格销售，最根本的原因在于 A6 和 A8 的生产成本悬殊。这种成本差异在无限供给产品中并不存在，因为边际成本都是零。也就是说，无限供给产品生产企业要想通过成本差异来拉开产品档次，并以此细分市场，就不那么容易了。

为使差别定价奏效，无限供给产品的生产企业绞尽脑汁，使用了各种不同办法。例如，软件一旦开发出来，复制成本可以忽略不计，供给是无限的。软件企业为了获取更多利润，特意将软件产品设计成不同版本，最常见的是专业版和普通版，并将专业版以高价出售给支付能力强、对产品性能要求高的专业用户，而将性能稍差的普通版卖给所谓的低端用户。有人可能认为，软件的普通版和专业版应该属于不同产品，就好比奥迪汽车的 A3 和 A6，产品不同故而售价不同，不算价格歧视。其实不然，A3 和 A6 之间的生产成本悬殊，而软件的专业版和普通版的边际成本却完全一样，皆为零。既然这样，企业为何不为普通版用户提供性能更好的专业版呢？目的当然就是实现差别定价——既不想失去低端用户，又希望高端用户支付高价而不是搭低端用户低价的“顺风车”。

在传统有限供给产品领域，企业大多会千方百计地提高产品质量以取悦用户，从而获取更多的销量。如果企业花费相同的成本既可以生产高端产品，也可以生产低端产品，几乎所有企业都会选择前者。然而，为了实施差别定价，以获取更高利润，无限供给产品开发商有时甚至愿意花费额外成本来降低部分产品和服务的性能。Wolfram Research（沃尔夫勒姆研究公司）开发了一款知名的数学软件——Mathematica。某个时期，该软件推出了学生版——公司花费额外成本在软件包里加入一个浮点库，取消了该软件的浮点运算功能、减慢了运算和绘图的速度。而这个加了浮点库的学生版售价要比职业版便宜很多。

互联网游戏里的各种虚拟道具，如步枪和大炮，成本无异，价格却大相径庭，其实也是一种变相的价格歧视策略。一些视频网站，付费会员可以不受广告骚扰；虽然不付费也可以看视频，但必须插播广告，这是差别定价的另外一种手段。

差别定价要精准有效，用户细分至关重要。数字经济时代，企业为了细分用户所需要采集的信息和数据大大丰富了。许多公司，尤其是互联网、大数据服务类的公司，可以用低廉的成本，大量获取用户各个维度的信息，包括行为习惯、收入水平、支付能力、兴趣爱好、消费特征等，据此对用户进行相对准确的画像，并以此作为差别定价的依据。譬如，对于购买力相对较弱，且对价格敏感的用户，多派发些优惠券，让用户打卡获取积分（代金券），搞网上秒杀、限时优惠促销活动等。

从1到N

> 一种产品，多种功用，也带来了多种收入途径，这在数字经济领域非常普遍，对于无限供给产品而言也异常重要。企业不仅可以通过直接售卖产品赚取收入，而且可以通过产品及用户获取各种其他间接收益或称衍生收益。

前面对无限供给产品定价问题的讨论，是基于这样一条假设展开的：企业依靠直接出售产品来获取收入，除此之外，没有别的盈利渠道。然而，相当多的无限供给产品，如支付宝、微信、抖音等，具有多种赚钱方式，恰恰是新经济的重要特点。

无限供给产品和传统有限供给产品的区别不仅仅体现在产品的供应数量和边际成本方面，两者在其他重要属性方面也存在本质区别。传统有限供给产品，如食品、汽车、钢材等，在使用过程中，一定会发生损耗或折旧；而无限供给产品，则一般不会有损耗或折旧发生。一吨钢材，如果用来造汽车，就无法用来建楼房或修铁路。而一个微信 App，既可以用来发文字消息，也可以用来晒朋友圈或进行社交、发红包、转账或支付，甚至能用来召开视频会议、作为游戏和电子商务活动的流量入口等。不仅一个产品能同时满足多种需求，发挥多重功用，而且不管如何使用，也不会有损耗和折旧。

我们把“1”件产品可同时满足“N”种需求的现象称为“从 1 到 N”。当然，有限供给产品也有一部分具有此项功能，例如手机，可以用来通话或收发信息，也可以用来下载应用程序，拍摄并分享照片等。不过，总的来说，“从 1 到 N”现象在无限供给产品中更为常见，更为普遍。对于一种无限供给产品而言，如果产品能同时有多种功用，能同时被用于多种场景中，而且还不增加太多成本，供应商自然希望把每种功能的商业利益充分挖掘出来，于是，“跨界”经营成了当今数字经济领域中的一种时尚。比如，腾讯不再单纯是一个社交平台、游戏公司，更是一家资讯和媒体公司、一家远程办公服务商、一家金融机构、一家智能软件开发公司、一家视频服务公司、一家出行服务提供商等。阿里巴巴及其关联企业不再只是电商，还是文化、体育、娱乐服务机构，金融服务机构，云服务提供商，大数据服务平台等。

“从 1 到 N”也带来了多种收入途径，这在数字经济领域非常普遍。例如，各视频网络平台，可以收取会员费，可以对部分节目收费，可以向广告用户卖广告，还可以和主播进行红包分成。至于微信，按照传统的商业模式（比如微软的模式），腾讯可以直接卖软件，也就是用户下载 App 时直接收费。但腾讯通过微信赚钱和变现的途径实在太多了，以至于向用户收取软件使用费反而被视为无足轻重，或者得不偿失。免费的微信是如何给腾讯带来巨额利润的呢？

微信有着海量用户，而这些海量用户为微信带来了巨大的流量红包，也正是巨大的流量红包为腾讯带来了巨额利润，例如光运营商的流量费分红，腾讯每天就能拿到手软。而这只是流量红包的冰山一角，我们每天能收到许多公众号推广，每一个公众号都有广告，这两个东西都是要收费的，开一个公众号要收费，发布一条广告也要收费，并且这两者的收费不低，广告能达到 5 毛钱一条，每天的广告费收入就数不胜数。加上微信众多的小游戏，只要有十分之一的人玩，那差不多也有一亿人，每人每天一元钱，一天就能收入 1 亿元。我们知道微信不仅是一款即时通信软件，还是一款支付软件，微信支付有着大量的用户，人们在微信上购买零钱理财产品，或是提取现金的手续费也不低，这可以为腾讯带来另外一笔可观的收入。更重要的，微信为腾讯的其他业务也带去大量用户，腾讯网络帝国几乎覆盖了中国互联网的所有业务，人们的衣食住行娱都有涉及，而我们随便下载一个 App 几乎都能使用微信登录，每天靠这些 App 返还的分红也非常可观。

中国的另一个互联网巨头百度，其核心产品是搜索引擎。搜索引擎不仅可以搜新闻，搜图片，搜知识点，还可以搜产品信息。搜索引擎和搜索服务是一种典型的无限供给产品。

人人可以使用，且不会造成任何损耗。对于大多数普通用户而言，百度的搜索服务是免费的，但这并不意味着百度没有收益。百度的巨额收入和利润主要来自以下几个方面。一是竞价排名推广费，竞价排名按照给企业带来的潜在用户访问数量计费，每天有超过 1 亿人次在百度查找信息，企业在百度注册与产品相关的关键词后，企业就会被查找这些产品的用户找到。二是广告联盟，百度也可以获得不菲的广告分成。三是手机百度的广告。四是百度音乐会员费，百度文库的会员费和下载费，其他增值服务如百度地图服务等收入。

上面的这些案例告诉我们，当某种产品具有多种不同功用时，产品提供商不再限于单靠直接售卖产品本身获取收入或利润。产品开发者（提供商）可以利用产品的不同功用，获取多元化的收入。

我们把企业向用户直接售卖产品收取的收入称为直接收益，而把企业通过产品及用户获取的各种其他间接收益统称为**衍生收益**。互联网领域有句流行语，叫“羊毛出在狗身上，猪来买单”。可见，在新经济领域，特别是互联网领域，衍生收益有多么重要。

衍生收益是用户资产化的另一个重要例证。对于许多企业而言，用户不仅是单纯的消费者，而且是企业的“免费劳动力”，在使用产品的同时也间接为企业创造多种收入。

收费，还是免费甚至补贴

对于衍生收益相对丰富，边际成本为零的无限供给产品而言，产品免费不仅可能，而且越来越常见。如果衍生收益很高，企业又能设计出有效的补贴政策，产品甚至可以有负价格——免费提供产品，外加补贴奖励。

当产品存在衍生收益（间接收入）时，产品该如何正确定价？什么时候产品可以免费（零价格）？产品负价格合理吗？

我们在前文曾经提到，如果没有其他收入，那么无限供给产品的价格定在需求曲线上价格弹性为 1 的位置会使企业利润最大。但当产品不仅可以通过售卖赚取直接的销售收入，还能带来其他衍生收入时，单位弹性点对应的价格显然不再重要。原因很简单，在单位弹性处，价格下降 1%，销售量上升 1%，两者对销售收入（利润）的作用基本上相互抵消。但由于多出来的销量同时还会带来更多的衍生收益，所以，在单位弹性处调降产品价格对企业更有利。换句话说，衍生收益的存在让企业有动力去降低产品的售价，以服务更多消费者，并赚取更多收入和利润。

问题是，当产品存在衍生收益时，产品价格定在需求曲线的什么位置最好呢？通俗地讲，就是和没有衍生收益的时候比，有了衍生收益后，产品价格应该定多少才合理？为了回答这个问题，我们不妨先来分析一下，当产品存在衍生收益时，降价对企业利润的双重影响：一是销量上升从而增加企业的衍生收入；二是价格下降从而导致直接销售收入变化，比如说收入减少。毫无疑问，当前者的增加超过后者的减少时，降价是有利的，应当继续降价，哪怕价格已经是零甚至为负；反之，当前者的增加不足以弥补后者的减少时，降价就有损企业的收入和利润了。

有趣的是，当需求函数呈线性，即需求曲线是一条向下倾斜的直线时，我们发现，企业愿意拿出一半的衍生收益来进行价格补贴（详细分析参见附录）。依据衍生收入的高低，产品价格可以为正，也可以为零，甚至可以为负（纯补贴）。

用户是无限供给产品生产企业的核心资源（资产）。当企业可以通过用户赚取衍生收益时，用户不再仅仅是消费者，也可以看成企业的编外劳工。我们如果把补贴看成企业给劳工发放的津贴，则负价格就不难理解了。

总结一下，对于存在衍生收益的无限供给产品，利润最大化的价格有如下几个特点。

（1）当衍生收益出现时，由于企业收入来源增加了，企业愿意以降价的方式把一部分额外收益（衍生收益）转移支付给产品的直接用户。当需求函数满足线性条件时，企业会把衍生收益的一半用于降价。

（2）降价不是企业觉得赚钱太多，而是希望争取更多用户，赚取更多衍生收益，并用衍生收益来覆盖降价减少的直接销售收入。衍生收益越高，降价幅度就越大，因此均衡数量增长也更多。用户对价格越敏感，降价的效果越显著，均衡数量涨幅也越大。

（3）衍生收益的存在，不仅让直接用户能享受更低价格，拓展市场用户规模，而且能让企业获得更多收入和利润。市场规模越大，单一用户创造的衍生收益越高，企业利润也越高。

（4）边际成本为正的有限供给产品，最优价格一定处于需求曲线的价格弹性大于 1 的位置；边际成本为零的无限供给产品，最优价格处于需求曲线的单位弹性位置；而带有衍生收益的无限供给产品，最优价格一定处于需求曲线的价格弹性小于 1 的位置。

（5）当单一用户创造的衍生收益达到一定临界值时，产品价格变成零，成为真正的"免费产品"。当衍生收益足够高时，产品价格可以为负值。也就是说，使用产品不仅可以免费，甚至还可以领取红包，或者获得一定补贴。

在互联网普及之前，无论是大型操作系统，还是小型应用软件，软件行业的主流商业模式是收费，从微软公司到 Adobe（奥多比系统公司）、SUN（太阳计算机系统有限公司），再到 SAS（赛仕软件），销售软件是它们核心的收入来源。而免费，则是当下互联网时代再普通不过的一个概念。从 Facebook 到谷歌，从腾讯到百度，主流的应用软件几乎都可供免费下载。紧接着，当我们对免费模式习以为常的时候，补贴悄然来临，从滴滴到美团再到趣头条等。究其原因，就是前互联网时代，微软、Adobe、SAS，乃至中国的金蝶、用友软件等，除了销售软件，几乎没有其他衍生收益。而新经济时代，随着互联网的普及，软件成了触达海量用户的工具，而用户本身又有强大的正外部性——这两个特点意味着互联网时代的软件具备了良好的获取衍生收益的前提，而且用户数越多，用户价值越高，衍生收益也越大。

值得一提的是，在新经济时代，企业和用户之间的关系，通常不再是一次性的商品买卖，而是一种长期的服务合作。企业获得的衍生收入，更是通过为用户提供长期服务换来的。企业给用户补贴尽管非常普遍，但通常具有阶段性，很多时候是为了引流或为了竞争从而快速抢占市场。企业可能会长期免费提供产品（如百度的搜索引擎或腾讯的微信），但较少会进行长期补贴。原因如下：当用户已经熟悉和习惯了产品之后，补贴的作用被弱化，特别是对那些忠诚度高的用户；靠长期补贴才能留住的用户，有很大概率不是活跃用户或目标用户，而是“羊毛党”。

警惕“羊毛党”陷阱

当企业无法适当区分目标用户和非目标用户时，大水漫灌式的补贴和奖励，得到的更多是“薅羊毛”的非目标用户。为避免遭受“羊毛党”的伤害，企业的补贴从力度到规则再到实施，都需要科学审慎。

当免费模式成为一种趋势，补贴又成为一种潮流的时候，“薅羊毛”及“羊毛党”成了互联网界的热门词汇。“薅羊毛”是指利用规则漏洞或者通过钻研规则，在规则之内谋取一些不当利益的行为；“羊毛党”便是对“薅羊毛”用户的戏称。随着电商、O2O，以及互联网金融、互联网服务等行业的迅速崛起和竞争加剧，企业为争取用户而推出的补贴、奖励计划也越来越丰富、越来越慷慨。“薅羊毛”从最初的抢夺免费福利、红包和优惠券，到扎堆P2P（点对点）网贷平台，再到聚集在电商平台上，逐渐从分散个体向组团集聚发展，形成了有组织、有规模、有分工的职业“羊毛党”，甚至发展出了完整、成熟的产业利益链。当然，“羊毛党”不是企业的目标用户。

按照经济学中“逆向选择”的基本原理，当企业无法适当区分目标用户和非目标用户时，大水漫灌式的补贴和奖励，得到的更多是“薅羊毛”的非目标用户。补贴越高，“羊毛党”越活跃。因为“羊毛党”通常对各种补贴更关注、更敏感，对补贴政策及其漏洞更有研究、更了解，反应也更快速。对于目标用户而言，补贴是蝇头小利；对于“羊毛党”而言，补贴则是生计，特别是相对丰厚的补贴。

因此，摆在企业面前的一个重要问题是：如何才能让补贴资金真正流向企业的目标用户，而不是流向所谓的“羊毛党”？即如何让补贴变得更为有效？因为对于无限供给产品来说，免费还不至于让企业蒙受财务损失，但补贴却是需要付出真金白银。补贴安排不当，企业是可能遭受巨额财务损失的。

案例：ofo 红包车遭“羊毛党”重创[①]

2017 年 4 月，为了和竞争对手摩拜单车抢夺用户，ofo 共享单车上线了红包车。当时红包车与普通车的比例为红包车占比 70% 以上，每天的红包车订单高达 700 万单。据了解，ofo 红包车的红包金额最高 5 000 元，平均每单约 5 元，我们保守估计，以每单 5 元来计算，那 700 万单就需要 3 500 万元，也就是每天 ofo 需要为红包车支付 3 500 万元！值得一提的是，ofo 当时每天收入接近 1 000 万元，如果红包车每天需要支付 3 500 万元，那这就意味着 ofo 因为红包车每天还净亏损 2 500 万元！

与此同时，ofo 以前的那些“羊毛党”后遗症也开始发作，再次实力坑了 ofo 一把。

据了解，由于 ofo 没有 GPS（全球定位系统）功能，推出的红包车没有办法具体到个体，只能以区域划分，只要用户在规定的红包车区域内打开一辆 ofo，都有可能是红包车。

机械锁漏洞在于，只要用户在手机 App 上选择红包车区域，再选取这一区域内的任一车辆填写号码就可获取密码，无须扫码，即可开锁，然后开启“骑行”状态。“骑行”满 10 分钟后，“在家”关闭车锁即可赚取红包。网络上也迅速流传出红包车刷单教程。先掌握大量 ofo 车牌（这个网上都共享了），ROOT（权限获取软件）手机安装伪造 GPS 的软件，

---

① 资料来源：《ofo 红包车漏洞或致日亏 2500 万 心疼滴滴等投资人》，搜狐网 // www.sohu.com/a/136057371_451173 等公开资料。

然后更新 ofo 软件版本。将手机所在 GPS 地址选为红包区域。打开 ofo 软件，点击使用单车，手动输入已掌握的 ofo 车牌。ofo 软件开始计时，并开始计费。提示该共享单车为红包车，等待 10 分钟，设置手机 GPS 位置为 500 米以外，结束用车，点击领取红包。

有网友做了一个统计，由于 ofo 限制单个用户每天仅能使用 16 次。依据每次 5 元左右的收入来算，每天收入在 90 元左右。假设单人开 20 个账号，一天就能收入 1 800 元。假设活动进行一个月，月收入将突破 5 万元。这种红包车，最终没有拉来几个真正用户，大量资金最终肥了“羊毛党”。

从经济学的角度看，为了减轻“羊毛党”的伤害，企业的任何补贴措施都应遵循以下几条原则。

（1）关注新增用户的边际贡献（增加的衍生收益或价值），补贴力度合理适度。企业应当认真核算新增用户户均可贡献的衍生收益或价值。无特殊原因，补贴力度原则上要显著低于平均贡献的衍生收益。

（2）合理制定补贴规则，并使用适当技术手段，减少“羊毛党”对企业利益的伤害。

（3）利用大数据技术分析客户的行为习惯、价格敏感性，提高补贴的针对性。将补贴发放给值得补、能补出好效果的用户，而不是直升机撒钱那样毫无针对性。

以下一些防范“羊毛党”的策略可供相关企业参考、借鉴。

（1）要对补贴活动的目的、针对的目标人群、补贴预期效果进行仔细研判，对补贴活动的成本收益进行认真核算。力求好钢用在刀刃上，避免花冤枉钱。

（2）上线前测试：一个营销活动上线前要先对业务进行安全测试。一是熟练活动流程，二是提前发现活动漏洞。在测试过程中，除了要及时发现网络安全上的漏洞，还需要对业务逻辑进行反复验证，避免出现一些容易被“羊毛党”利用的常规营销漏洞。

（3）提升参与门槛：新用户到平台注册后，不是立马就送注册奖励，而是需要完善个人信息或者完善多维度信息后才可以得到注册奖励。根据业务场景不同，可设置不同的参与门槛。比如一些投资理财 App，当用户注册后，需要进行实名认证或者要求用户投资一定金额以上才能得到注册奖励，这样可提高“羊毛党”的作弊成本。同时，在用户注册阶段，引入人脸识别技术，也可以有效防范“羊毛党”。

（4）设置注册阈值：拉新营销使注册量持续上升，如果批量“羊毛党”进入的话，注册量会在一定时间内迅速猛增。所以，这个时候要特别注意注册量出现的异常变化，技术团队要针对这一情况做好严格把控，及时调整防护策略。

（5）识别用户手机号码：在用户进入平台开始注册之时，可对用户的手机号码进行识别，通过在网状态、流量、地理位置等多维度综合识别手机号码，对识别出来的异常手机号码进行标记，企业技术团队可根据业务场景的需要对异常手机号码进行隔离。

（6）在补贴、促销活动的条款设计中保留灵活性和主动权，明确企业具有在特定情况下提前终止促销活动，或依法对补贴活动进行适度调整的权利。密切关注补贴活动的各项数据，一旦发现重大异常，在维护好企业形象的同时，对活动中的漏洞进行及时补救。

无限与有限的整合

许多情况下，无限供给产品需要和配套的有限供给产品整合在一起才能被用户使用。是独立销售无限供给产品，还是将其与互补的有限供给产品整合成一件终端产品再行销售，企业需要仔细权衡。

在新经济领域，有相当多的无限供给产品，需要和有限供给产品结合在一起，才能被终端用户使用。例如人脸识别系统需要与摄像头等硬件相结合，自动驾驶技术需要应用在汽车上，操作系统软件需要安装在电脑或手机上，智能服务机器人要有软件和算法也要有腿脚躯体等。尽管如此，从经营和销售的角度讲，一家企业完全可以选择单独销售无限供给产品，由用户自己购买需要配套的物理产品；当然也可以选择将无限供给产品和有限供给产品集成在一起捆绑销售。

当今世界的两大科技巨头，微软和苹果公司，都在生产和销售无限供给产品，如操作系统和配套软件。但在产品研发和营销策略方面，两大巨头的选择却截然不同。微软基本只做软件，并将其通过授权方式卖给电脑生产商和电脑终端用户。苹果公司则选择了操作系统研发和硬件研发生产一体化的策略，将核心软件（无限供给）和自身研发的硬件产品（有限供给）整合后作为终端产品推向市场。

无限供给产品的上述两种销售模式各有优缺点，也各有自己的大量拥趸。例如，影视公司大多采用微软的那种直接销售模式，卖内容给院线或电视台，很少会直接建电影院或电视台。步步高家教机、特斯拉自动驾驶汽车则选择了类似苹果的那种软硬件整合的运营方式。

当互补性很强的无限供给产品和有限供给产品集成在一起时，通过无限供给产品的赋能，有限供给产品的功能和使用价值会更加强大。例如，离开了苹果的操作系统，苹果电脑不会有太大的用武之地；安装了自动驾驶系统的特斯拉让驾（乘）车出行变得更方便。因此，对于整合后的终端产品，消费者一般会愿意支付更高的价格——这个价格既高于无限供给产品独立销售的定价，也高于有限供给产品独立销售的定价。

无限供给产品与互补的有限供给产品联合开发并集成销售，优点是能更好地保障两种产品之间的兼容性，同时可以摆脱有限供给产品（通常为硬件）技术层面的制约或市场准入层面的限制；缺点是不利于无限供给产品被市场广泛采纳，从而影响无限供给产品的销售规模。我们已多次提到苹果的案例。虽然苹果是当今世界上最伟大的科技企业之一，但在核心软件操作系统市场份额方面，它似乎是长期的亚军。在计算机通用软件方面，苹果 Mac OS 操作系统的市场份额远小于微软的 Windows 操作系统；在智能手机市场，苹果 iOS 系统的市场占有率也赶不上 Android 系统。根本原因在于苹果公司一般不单独销售操作系统，而是将它与硬件集成后统一销售。当然，我们并不是说苹果的策略不好，因为尽管牺牲了软件份额，硬件部分也会给苹果带来异常丰厚的利润。

一家无限供给产品研发企业如想同时研制有限供给产品，并将无限供给产品和配套的有限供给产品集成捆绑，需要具备如下几个条件。一是无限供给产品自身具有某种核心地位，如对有限供给产品的功能有至关重要的影响甚至不可或缺，或者其本身价值不菲，值得拥有专门的配套设备。二是捆绑可以起到“1+1>2”的作用，与有限供给产品集成后，终端产品能受到市场足够多的青睐。因与有限供给产品结合，每件终端产品额外产生的利润总计起来，足以抵消无限供给产品销量可能下降带来的损失。三是企业具备足够的资金实力和技术能力，可以同时设计生产无限供给产品和配套的有限供给产品。[①]

① 如果有限供给产品是比较通用的产品，或者已有成熟的技术，生产外包也是可能的选项。

第五章　无限供给下的企业增长路径

传统企业增长模式回顾

传统经济学对企业规模的分析，从本质上讲是产能决定论，关注的重点是供应端。企业增长需要靠土地、资本、劳动等要素投入来推动。

企业成长同人的成长一样，是一个从量变到质变的过程。具体表现为企业规模的扩大，企业内部结构的不断完善和成熟，企业功能的优化等。企业成长具有阶段性，或称生命周期，即创业期、扩张期、成熟期、老化期等。

为了突出无限供给产品生产企业和传统有限供给产品生产企业在成长方面的区别，我们在此把重点放在企业生产规模方面。如果没有特别说明，本节讲述的增长或企业增长，指的都是企业生产规模的扩大。

在传统的微观经济学理论中，企业生产规模或产量（Q）通常用生产函数来刻画。所谓生产函数，就是一定技术条件下投入与产出之间的关系。如果我们考虑两种生产要素的投入，即资本（K）和劳动（L），并用 A 代表技术水平，那么生产函数可以表述为：

$$Q = A \cdot f(K,L)$$

也就是说，企业的生产规模是由技术水平和投入水平决定的。在技术水平相对稳定的情况下，企业增长靠的是投入的增加。换句话说，投入规模决定了企业的产能，而产能决定了企业的最大产量。因此，产能扩张的快慢决定了企业的成长速度。在短期内，K 是固定投入，无法立即改变；L 是变动投入，可以快速调整。也就是说，短期内，企业可以依据需求调整劳动的投入，从而调节产出规模；从长期来看，为调整产能，改变资本投入规模则显得非常重要了。

因此，传统经济学对企业规模的分析，从本质上讲是产能决定论，关注的重点是供应端。需求对企业规模的影响，是通过刺激企业的投入意愿来实现的。如果需求旺盛，企业会增加投入，扩充产能；反之，如果需求疲软，企业会减少投入，控制产能。如果没有产能的扩张，需求再强，企业规模也无法增加。

从生产函数我们不难看出，企业产出规模的增长速度，是由技术进步、资本存量的增速和劳动力规模的增速三者共同决定的。尽管生产函数，特别是柯布－道格拉斯生产函数表明，资本和劳动之间存在一定的替代关系，但从成本优化和要素配置均衡的角度看，劳动和资本需要满足一个合理的比例。因此，传统经济中的大型企业，无论是钢铁企业、汽车制造企业，还是纺织企业，或者化工企业，都有三高的特点，即收入高、资产总量高和就业人数高。企业快速增长，一般也需要资本规模和员工人数同时快速扩张。

微观经济学里的生产函数，已被广泛应用在宏观经济分析和经济增长理论之中。新古典经济增长模型通常把经济中的全部产出看成一种产品的产出。其每年生产总量，代表一个国家总体的收入水平，也是由技术水平（生产效率）、资本存量和劳动力规模共同决定的。

无限供给产品生产企业如何实现增长

> 无限供给产品生产企业的增长所依靠的不再是产能的扩大，而是用户的增长。在新经济中的无限供给领域，决定企业规模和增长速度的核心因素由供给端彻底转向，落在了需求端。

当企业生产的产品可以无限供应、无限复制时，传统生产函数以及基于此类生产函数描述的投入产出关系，企业成长乃至经济增长规律，也就完全失去了意义。对于任何一种无限供给产品，企业只要有能力生产一件，就可以快速且几乎无成本地复制任何其想要的数量。因此，供给端不再是制约企业增长的瓶颈，决定企业规模和增长速度的核心因素由供给端彻底转向，落在了需求端。也就是说，企业成长所依靠的不再是产能的扩大，而是用户的增长。这是对传统理论的一个根本颠覆。当然，这并不是说供应端变得无足轻重，需求端能否变得非常旺盛，在一定程度上取决于企业在供应端能否开发出一种或数种性能优越、对用户有足够吸引力的产品。

区分软件公司、互联网公司、大数据服务类公司，以及大公司和小公司的主要依据，就是客户数量，以及客户人均贡献的价值。同样是操作系统软件的提供商，美国的微软要比中国的中标软件出名得多，市值高很多，销售规模也要大很多，其根本原因在于前者拥有约40亿用户，而后者只有5 000万用户。中国和世界上的社交App有很多，Facebook和微信之所以厉害，碾轧绝大多数社交平台，就是因为其庞大的用户规模。

既然用户规模（即用户人均贡献价值）是决定企业规模和价值的关键因素，吸引更多用户，实现用户数量和销售收入（包括衍生收益）的快速增长，是所有无限供给产品供应商的强烈愿望。那么如何才能做到这一点呢？

（1）产品质量、性能、性价比、用户友好度至关重要。这是基本的商业常识。

（2）了解目标用户，这是很关键的一步。为客户画像，了解他们的兴趣、需要、年龄、职业、圈层等特点。如果了解用户，就会清楚他们对什么感兴趣，有什么问题困扰他们，并依此提供更受用户欢迎的产品，赢得用户的信任和依赖。

（3）做好宣传推广工作。互联网时代，企业宣传推广的渠道和方法越来越丰富，除了传统的广告宣传外，社交平台、视频网站、付费引流等都是强化品牌，以及获取用户的重要手段。传统企业会投入大量资金在设备和原材料上，无限供给产品企业则投入大量资金在研发和推广上。

（4）口碑营销，或称自传播效应。用户将产品推荐给朋友、同事、网友等，这样一传十、十传百，促使产品新用户呈几何级增加。口碑营销在产品推广中早期的作用尤为显著。

（5）嫁接新的应用，扩张衍生收益渠道。任何一款产品，目标市场再大，潜在用户再多，也有接近饱和的时候，不可能无限制地长期高速增长下去。例如，Facebook 已有约 30 亿用户，腾讯的用户接近 10 亿，继续在用户数量上做文章，恐怕机会有限。为了保持持续增长势头，企业需要不断拓展边界，要么开发新的产品，要么在原有产品上添加新的功能、嫁接更多的收益渠道，以获取更多的衍生收益。微信的发展历史就是一个很好的例证。

案例：微信的发展历程及客户增长史[①]

微信是腾讯公司于 2011 年 1 月 21 日推出的一个为智能

---

① 资料来源：《微信的发展历程》。https：//zhidao.baidu.com/question/1497218932069201699.html 等公开资料。

终端提供即时通信服务的免费应用程序，由张小龙所带领的研发团队打造。微信支持跨通信运营商、跨操作系统平台，通过网络快速发送免费（需消耗网络流量）的语音、视频、图片和文字，同时也包含共享流媒体内容和基于位置的社交插件“朋友圈”“公众号”“查看附近的人”等功能。

2011年1月21日，微信发布针对iPhone用户的1.0测试版。该版本支持通过QQ号来导入现有的联系人资料，但仅有即时通信、分享照片和更换头像等简单功能。在随后的1.1、1.2和1.3三个测试版中，微信逐渐增加了对手机通信录的读取、与腾讯微博私信的互通以及多人会话功能的支持。截至2011年4月底,微信获得了400万～500万的注册用户。

2011年5月10日，微信发布了2.0版本，该版本新增了类似Talkbox的语音对讲功能，使得微信的用户群第一次有了显著增长。

2011年8月，微信添加了“查看附近的人”的陌生人交友功能，用户数量达到1 500万。到2011年底，微信用户数量已超过5 000万。

2012年3月，微信用户数量突破1亿大关。4月19日，微信发布4.0版本。这一版本增加了类似Path（Facebook旗下的一款私密社交应用）和Instagram（照片墙）的相册功能，并且可以把照片分享到朋友圈。

2012年4月，腾讯公司开始做出将微信推向国际市场的尝试，为了微信的欧美化，将其4.0英文版更名为“WeChat”，之后推出多种语言支持。

2012 年 7 月 19 日，微信 4.2 版本增加了视频聊天插件，并发布网页版微信界面。

2012 年 9 月 17 日，微信团队发布消息称，微信注册用户数量已破 2 亿。

2013 年 1 月 15 日深夜，微信用户数量突破 3 亿，成为全球下载量和用户量最多的通信软件之一。

2013 年 2 月 5 日，微信发布 4.5 版本。这一版本支持实时对讲和多人实时语音聊天，并进一步丰富了“摇一摇”和二维码的功能，支持对聊天记录进行搜索、保存和迁移。同时，微信 4.5 版本还加入了语音提醒和根据对方发来的位置进行导航的功能。

2013 年 8 月，微信 5.0 版本上线，添加了表情商店和游戏中心，扫一扫（简称 313）功能全新升级，可以扫街景、扫条码、扫二维码、扫单词翻译、扫封面。

2013 年 8 月 15 日，微信海外版注册用户数量突破 1 亿，一个月内新增 3 000 万用户。

2013 年 10 月 19 日，微信 LBS（基于位置的服务）图文回复上线，其功能是由商家设置店铺位置，用户提交当前所在位置后，可以找到最近的商家店铺，并进行一键导航、一键拨号，如果店铺当前有进行的活动（如优惠券、刮刮卡），也可把活动显示出来。

2013 年 10 月 24 日，微信的用户数量已经超过了 6 亿，每日活跃用户 1 亿人次。

2014 年 1 月 4 日，微信在产品内添加由“滴滴打车”提供的打车功能。

2014 年 3 月，开放微信支付功能。

2014 年 8 月 28 日，微信支付正式公布“微信智慧生活”全行业解决方案。具体体现在以“微信公众号 + 微信支付”为基础，帮助传统行业将原有商业模式“移植”到微信平台。

微信提供的闭环式移动互联网商业解决方案中，涉及的服务能力包括：移动电商入口、用户识别、数据分析、支付结算、客户关系维护、售后服务和维权、社交推广等。这也预示着微信再次加大商业化开放步伐，为合作伙伴提供连接能力，助推企业用户商业模式的移动互联网化转型。

通过为合作伙伴提供“连接一切”的能力，微信正在形成一个全新的“智慧型”生活方式。其已经渗透进入以下传统行业，如微信打车、微信缴电费、微信购物、微信医疗、微信酒店等。为医疗、酒店、零售、百货、餐饮、票务、快递等数十个行业提供标准解决方案。

2015 年 1 月 21 日，微信在 App Store（苹果应用程序商店）上线了 6.1 版本，新版本增加了“附件栏发微信红包”“更换手机时自定义表情不会丢失”“可以搜索朋友圈的内容和附近的餐馆”三大功能。

2016 年 3 月 1 日起，微信支付对转账功能停止收取手续费。同日起，对提现功能开始收取手续费。

2017年1月9日0点，万众瞩目的微信第一批小程序正式低调上线，用户可以体验到各种各样小程序提供的服务。

2017年5月4日，微信支付宣布携手CITCON公司正式进军美国。此后赴美人群可在美国享受无现金支付的便利。通过微信支付，在美国的衣食住行均可直接用人民币结算。

2017年12月28日，微信更新的6.6.1版本开放了小游戏，微信启动页面还重点推荐了小游戏“跳一跳”。

2018年2月，微信全球用户月活跃数首次突破10亿人次大关。

2019年10月，微信上线“通过手机号转账”功能，他人无须加好友，即可远程转账至微信零钱。

正如案例里所说的，微信上线前3个月，累计收获的用户约500万；此后不到一年时间，用户人数涨到了1亿；再然后又用了不到一年时间，用户人数暴涨到3亿。增长速度无疑是爆炸性的。微信是互联网产品中的佼佼者，增长速度出类拔萃，即使再优秀的传统企业，也不可能有如此快的增长速度。这正是无限供给产品的奇妙之处，是无限供给产品和有限供给产品的根本区别。对于传统的有限供给产品而言，不管市场需求多么旺盛，产能的扩张都必须循序渐进，其间需要大量物力和人力投入，不可能一蹴而就。无限供给产品没有产能方面的制约，可以迅速满足海量需求，才有了裂变式增长的可能和机会。

病毒式营销与企业增长

从事无限供给产品研发生产的企业，如果能通过病毒式营销快速获取客户，并成功做好后续服务，企业的裂变式增长就必然水到渠成。

病毒式营销是指通过类似病理方面和计算机方面的病毒传播方式，即自我复制的病毒式的传播过程，利用已有的社交网络去快速获取用户或提升品牌知名度。病毒式营销是由信息源开始，再依靠用户自发的口碑宣传，达到一种快速滚雪球式的传播效果。它描述的是一种信息传递战略，经济学将其称为病毒式营销，因为这种战略能够让营销信息像病毒一样传播和扩散，传向数以万计，数以百万计的受众。

病毒式营销的成效主要取决于以下几个要素：一是“病毒”传播的引爆点；二是“病毒”自身的传染力；三是传染的路径、媒介选择和传染力的强化措施；四是传播后的转化或落地安排。

任何“病毒”的传播都得有一个起始点。如果“病毒”源于一个人烟稀少的孤岛，是不可能快速传遍全国甚至全球的。因此，早期的营销策划应当做得很震撼，选择适合的时间、地点和传播方式，找到既迎合目标用户口味又能正面宣传产品的话题，力求一炮走红。

一直让人诟病口感很“小白”的江小白红了。是什么打造出了巨大的流量价值？流行的背后又有什么规律？江小白的文案，在人的情感方面，总是拿捏得恰到好处。它的文案有时给予人极大的鼓舞，有时走温情路线触动内心，让人们一次次地醉倒在它的广告语中。白酒向来就是一种情感化产品，其实大多数时候，消费者喝的不是酒，而是一种场景和一种情感。可以说，江小白的成功，不是源于酒的质量，而是源于定位和宣传，源于触动人的情感，从而形成很大的感染力和传播力，让消费者愿意主动分享、传播。如果分享某内容可以提升自己在别人眼中的价值，或释放自己的情绪，人们就会愿意主动去分享。

必须把营销信息简单化，使其容易通过微信、微博、小视频等自媒体传播，越简短越好，给人的印象越深越好。企业采取一些手段鼓励用户传播，也是值得重视的营销策略。比如给推荐朋友的用户以及接受推荐的人一点奖励，这样双方都有奖励很关键，两倍的付出，可能带来的是十倍的效果。

传播固然重要，但如果被传播对象有极强的信息免疫力，传播当然也不会有效果——知道的人多，付钱的人少。因此，提高用户转换率，让受“感染”者变成活跃用户、变成新的传播者十分关键。这靠的是产品质量，靠的是有价值的服务。数字化时代的产品设计，最大的原则是“能拿下消费者”，产品设计必须要抓住行业本质，因为从根本上讲，谁也不能长久地将不好的产品大量卖出去。而且由于互联网强大的两极分化特点，即使你比竞争对手在某一方面优秀1%，在口碑上很可能会被互联网放大到100%，最终销量上可能就会“差之毫厘，谬以千里”。

从事无限供给产品研发生产的企业，如果能通过病毒式营销快速获取用户，并能成功做好后续服务，企业的裂变式增长就必然水到渠成。虽然“江小白”的营销做得很好，但每瓶白酒毕竟还是有一定的生产成本，销量背后还是必须有产能的支撑。对于无限供给产品而言，如抖音或者支付宝，只要有用户就有收入。拿下用户是实现成功的第一步，企业的经济增长也会随之而来。

无限供给产品用户增长的一般规律

> 对于无限供给产品生产企业而言，用户增长是企业成长的核心驱动力。无限供给产品的用户数量增长大体分为五个阶段：新产品初期（Ⅰ）；爆发性增长期（Ⅱ）；缓慢增长期（Ⅲ）；平台期，也即饱和阶段（Ⅳ）；衰退期（Ⅴ）。

前面的相关讨论显示，对于无限供给产品生产企业而言，用户增长是企业增长的核心驱动力。与传统行业相比，无限供给领域的企业增长速度差异更加显著。同是提供新闻、咨询方面的服务，为什么今日头条在短时间内就大大超越了新浪、搜狐等知名的第一代互联网企业？同样是电商平台，为什么阿里巴巴、拼多多、京东增长神速，而当当网却日显颓势？下面，我们将对影响无限供给产品增长的几个关键因素（参数）进行简要介绍和分析，以帮助读者更好地就相关问题进行思考、探索。

（1）宣传、推广力度。这个指标可以用单位时间，如一个月或一年内宣传推广触达的总人数来衡量。宣传推广是企业管理工作的重要一环，特别是对于无限供给产品生产企业而言，推广工作和产品研发工作同等重要。一般来说，推广力度越大，企业获取的客户也会越多。

（2）推广转化率。指被推广对象转化成产品用户的比率，重要性不言而喻。这一比率的高低受诸多因素影响，如产品的目标人群、用途和品质、竞争力、性价比、推广方式等。推广的精准度也很重要，如果被推广人群主要是非目标用户，转化率自然不会太高。互联网时代，人们经常提及“精准营销”，将推广宣传更准确地投放给目标人群，就是为了提高转化率。

（3）口碑传播速度，或称自传播力。自传播力是企业获取用户并实现增长的利器。所谓自传播力，顾名思义，就是用户或粉丝自发地传播产品信息，自愿向亲朋好友或网友推介产品，这是上一节介绍的病毒式营销奏效的前提。企业能因此尽量不花钱或少花钱就引发传播效应，获取新的用户。自传播力和产品的受欢迎程度（口碑）与外部性等属性密切相关。一般情况下，用户喜爱一种产品时，才会主动向朋友、同事推荐。而微信、微博这些社交产品均有较强的外部性，使用的朋友越多，对使用者越有价值，自传播力很强。

（4）用户流失率。对于任何一家企业和任何一款产品而言，部分老客户流失是常态。例如，中国移动用户改用中国电信，苹果用户改用华为，微博用户关闭账号，等等。客户流失率的高低对企业用户规模和企业成长当然有重大影响。影响这些指标的因素包括市场格局转变、消费习惯变迁、替代品竞争等。我们经常提及的提升客户黏性，就是为了降低客户流失率。

（5）市场规模（潜在用户总量）。任何一款产品都有自己的目标用户群体，每款产品因其功能差异，目标用户规模可以有天壤之别。例如，手机用户包括了80%左右的总人口，而助听器则会卖给有听力障碍的群体。简单地说，目标用户规模就是极限状态时的用户数量。一般来说，一个目标用户群体很小的产品的用户增长速度相对较慢，高速增长持续的时间也相对较短；爆款、爆发式增长更容易出现在微信、抖音等用户群体庞大的大众产品上。

受上述各参数的综合影响，无限供给产品的用户数量增长大体分为下面五个阶段：新产品初期（I）；爆发性增长期（II）；缓慢增长期（III）；平台期，也即饱和阶段（IV）；衰退期（V）。

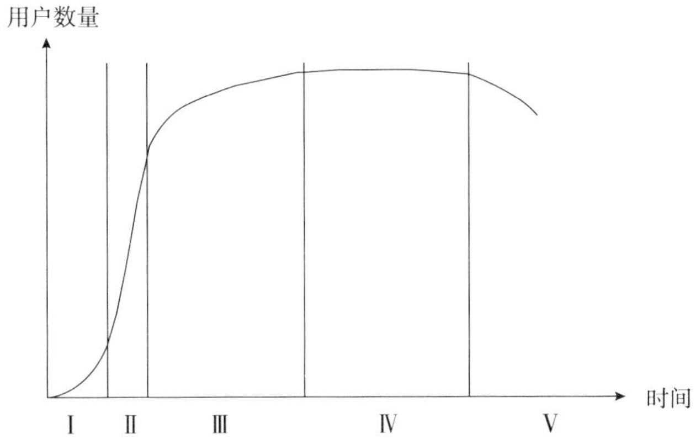

图5.1　无限供给产品的用户数量增长周期

资料来源：笔者整理。

新产品初期。此时，用户和粉丝尚少，帮助口碑传播的人自然也少。这时，获取用户主要靠企业在宣传推广上下功夫。用户绝对数量的增长速度也许不会太快，但由于基数小，增长比率会很高——从 100 人到 1 万人，呈百倍的增长。

爆发性增长期。一款产品经过一段时间的宣传推广，并积累了一定规模的用户后，一批忠实用户如能担当起“义务推广员”的角色,自传播效应就能发挥巨大威力。一方面，有了一定规模的基础用户，如果他们能主动向身边的朋友或网络上的社交圈推介产品，作为一个整体，将是一股强大的力量。另一方面，与目标用户总量比起来，相当庞大的目标人群尚未成为产品的真正用户，市场推广空间很大。当一个用户身边的许多朋友还不了解或还没有使用某款产品时，该用户向朋友推荐当然是最能增加新用户的方法之一。当然，不是所有的无限供给产品都能幸运地经历爆发性增长期，没等爆发就已经倒下的企业不计其数。一款好的产品、一个适当的机会和风口、一个好的引爆点，是企业爆发的能量源泉。

缓慢增长期。爆发性增长期持续一段时间后，产品的用户数量距离目标用户总量近了很多，此时用户数量尽管还在增加，但增速会明显变缓。宣传推广能获得的新用户变少，宣传更多是为了强化品牌影响力。就如同在河里捕鱼一样，如果鱼已经被捕捞得所剩无几，利用再好的渔具，也难以捕捞更多的鱼上来。同样的道理，此时自传播效应也会减弱，如果一个用户身边的朋友和网友基本都已经是产品用户，那么这个用户无论如何卖力、无论如何热心，也没机会拉来太多新的用户了。以腾讯旗下的微信为例，当它在中国有了近10亿用户后，无论如何推广，无论口碑多好，中国国内的用户数量也不会重现2012—2014年那样的飞速增长了。

平台期及衰退期。当一款产品的用户数量充分接近其目标用户总量时，用户数量的增长速度基本停滞，进入所谓的平台期或饱和期。平台期的持续时间可长可短，最终会有新的替代品出现，用户会出现净流失，最后进入衰退期。互联网游戏里这种例子很多，一款游戏在玩家达到顶峰后，新的游戏出现，老的游戏玩家逐渐减少，直至最终被淘汰。新浪、搜狐曾经在中国互联网圈笑傲江湖，作为国人重要的新闻资讯来源，拥有海量用户，若干年后，今日头条之类的新平台压过了它们的风头，新浪、搜狐等老一代门户网站，无论是活跃用户数量、点击量，还是广告收入都比鼎盛时期下降了许多。在一款主要产品进入平台期后，企业要么继续增长，要么就不断推出新的产品和服务，要么设法为产品寻找更多的衍生收益。

案例：Zoom 的成长与成功[①]

Zoom 的业务和盈利模式

Zoom 于 2011 年由华裔创始人袁征（Eric Yuan）在硅谷创立，此前袁征供职于 Cisco（思科），是 Cisco 视讯会议产品 Webex 的主要程序员。Zoom 的核心业务是提供云视频会议解决方案，主要为 B 端用户服务。

目前公司拥有七大产品，为移动设备、台式机、笔记本电脑、传统视频会议系统提供视频、语音、聊天和文件共享服务，并最高可在一次会议中支持数万名视频参与者。

Zoom 的盈利模式是免费加增值，也就是一般个人和小型用户可以免费使用，但也提供专业版和企业版，付费版本有更多功能和个性化的需求。而免费使用的版本，最长的视频时长是 40 分钟（一般到了 35 分钟的时候会提示：40 分钟

① 资料来源：根据“产品猎人”、“粥左罗”、36 氪、老虎证券、新浪网等公开资料整理。

后会议会断开，付费用户可以免除此限制）。

Zoom 付费版的收费模式可以概括为："按参加会议人数 + 按月"收费。如果我们从获取用户或者留存的角度来看，会议主持人是 Zoom 整个盈利模型的关键点。会议主持人也就是发出会议邀请的那个人，由他来决定这个视频会议将由 Zoom 来完成。如果从个人用户的角度来看，主持人也很可能是对这个产品进行付费的人。

Basic 个人会议	Pro 小型团队的首选	商业 中小型企业	企业 大企业-预备
免费	14.99美元/月/主持人	19.99美元/月/主持人 ·最少10个主持人	19.99美元/月/主持人 ·最少50个主持人
免费注册	立即购买	免费注册	联系销售人员
可多达100名参会者 不限次数的一对一会议 限时40分钟的群组会议 不限次数的会议 在线支持 + 视频会议功能 + 网络会议功能 + 群组写作功能 + 安全	所有的基本功能+ 包括100名参会者 需要更多参与者 会议持续时间限制为24小时 用户管理 管理员功能控制 报告 定制个人会议ID 分配日程安排人员 1GB MP4或M4A云记录 Skype for Business（Lync）互通互联	所有的基本功能+ 包括300名参会者 需要更多参与者 专用电话支持 管理控制面板 实名网址 本地部署选项 托管域 单一登录 公司品牌 定制电子邮件地址 LTI集成 云记录抄本	所有企业功能+ 最多1 000名参会者 无限制的云储存 专门的客户成功经理 行政业务审核 同时购买网络研讨会和Zoom Rooms会有折扣
	+ 可选的附加套餐	+ 可选的附加套餐	

图5.2　Zoom的盈利模式

资料来源：Zoom官网和招股书。

会议主持人的行为是导向盈利的主要指标，不同的付费模式由主持人的不同角色或所在位置而定。而 Zoom 的付费模式也是以会议主持人这个个体为单位的，依据参会人数的多少以及主持人次的多少（与企业规模有关），每次主持收费为 14.99~19.99 美元。Zoom 2019 年 4 月招股书披露的信息显示，Zoom 当时拥有约 5 万家企业用户，其中 344 家企业用户的年付费超过 10 万美元。

Zoom 的高速成长轨迹

Zoom 要做的就是一个直接对标 Webex 的产品，可想而知，这不是一个新产品，也不是一个新市场，甚至可以说是一片龙头企业都在的红海：除了 Webex，还有 Skype、Hangouts、Adobe、Citrix 和一众中小玩家，如 BlueJeans、GoToMeeting、Highfive、Join.Me 等。[①]

Zoom 在高手如云的视频会议云服务市场，不仅存活了下来，而且取得了飞速增长和巨大的成功。从图 5.3 可以看出，Zoom 的增长曲线表现得特别亮丽，和图 5.1 展示的初期和爆发性增长期的轨迹高度吻合。Zoom 的产品能在激烈的竞争中脱颖而出，原因很简单:Zoom 能创造出最优秀的产品。Zoom 的 CEO 袁征谈道："市场虽然拥挤，但潜力巨大。如果我们的产品做得比别人的都好，那我们就赢了。"

创立八年之后，Zoom 于 2019 年 4 月 18 日成功登陆纳斯达克，股价当日飙升 72%，市值于上市当日达到 160 亿美元。Zoom 之所以受到华尔街如此热捧，与其良好的财务状况有着重要的关系。与众多巨额亏损、流血上市的独角

---

① 均为视频会议和即时通信服务公司。

兽相比，已经实现盈利的 Zoom 无疑是清流一般的存在。公开数据显示，2012—2019 财年，Zoom 的收入百分比已连续七年保持三位数增长。截至 2020 年，Zoom 已经有超过 70 万家企业用户。美国 1/3 以上的 500 强公司，90% 的 Top 200 大学，都用 Zoom。

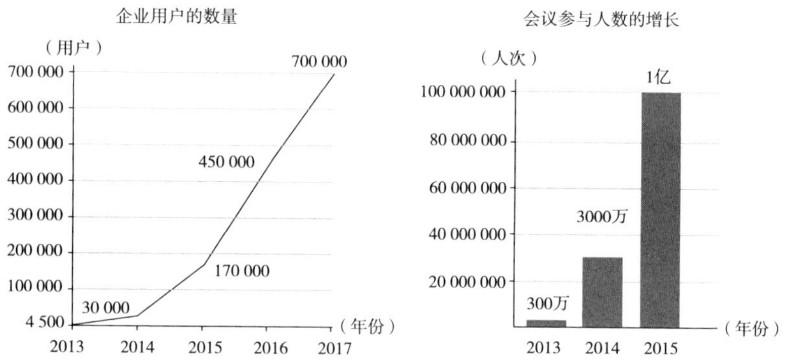

图5.3　Zoom公司的高速成长轨迹

资料来源：产品猎人（作者：Shirley）：上市1个月市值超半个百度 Zoom如何做产品增长？https://new.qq.com/omn/20190519/20190519A0IM06.html?pgv_ref=aio2015&ptlang=2052。

Zoom 成功的秘诀

（1）“用户驱动”的基因。在 Zoom 的官方博客里，袁征谈到了公司的价值观和产品观：从创建 Zoom 的第一天起，我们的主要重心就是为用户提供便捷的云端视讯解决方案。这个重心指导了我们所有的创新、合作和其他的战略。我们所经历的所有增长和来自业界的荣誉、认可都离不开享受我们平台产品的满意客户。

因此，收集和响应用户反馈是Zoom成为行业第一产品的关键。很多时候，Zoom的团队通过自己的产品会议去收集反馈。更为夸张的是，CEO袁征亲力亲为。产品上线后，他几乎每天都会亲自登录公司网站，查看用户留言，还亲自给每个退订的用户写邮件，询问他们对服务哪里不满意。依据用户需要和反馈，Zoom的团队专注于研发真正方便好用的视频交流工具，以解决用户难题。产品的所有迭代，也都紧跟用户需求。用户要开大型会议，Zoom马上将参会人数从25人大幅提高到1 000人。企业需要社交功能，Zoom又紧跟着推出了聊天组，大受欢迎。

坚持一切从用户出发，使Zoom的产品推荐率和用户忠诚度很高。加上技术服务又极其到位，以及多人参与会议自带的网络效应，三者叠加，袁征带领Zoom一往无前、势不可当。红杉资本说，在Zoom之前，没有任何公司可以同时拥有这三种能力。

（2）高价打造品牌和知名度。Zoom公司一直致力于提高品牌的曝光度。“作为新兴的供应商，我们不得不把焦点放在那些好奇的、冒险的尝鲜者身上。这让我们能够利用自身最大的优势——用户体验——因为一旦早期用户使用自己喜欢的产品，他们就会加以传播扩散。”2016年，Zoom与金州勇士达成了为期三年的协议，球队可以免费使用他们的技术，而在比赛期间，Zoom在竞技场内（记分牌、数字标牌等）收获了显著的品牌效应。

免费和收费相结合的模式也在Zoom的高成长过程中立下了汗马功劳。免费模式获取流量和口碑，收费模式获取收入和利润。Zoom的视频会议产品可免费使用40分钟（因为研究发现理想的视频会议时间一般为45分钟）。但显然，40分钟的限制并没有阻止人们尝试该产品。事实上，他们的免费模式和口碑传播得到了用户极大的认可。

袁征在一次采访中说："我们特别希望用户能尝试我们的产品。但市场的确很拥挤，我们很难说服用户：'你们得试试Zoom的产品。'要是没有免费模式，我想我们连让用户试用的机会都没有。免费产品的工作做得很好。它们能提供大部分功能，一对一使用没有限制。这就是为什么几乎每天都有大量免费的用户登录我们的网站。如果他们喜欢我们的产品，那么他们很快便会付费订购。"

（3）科学的增长模型和过程。在过往的增长模型里，最常被用到或者讨论的模型是AARRR，即Acquisition（获客）、Activation（激活）、Retention（留存）、Revenue（收益）、Referral（用户推荐，裂变增长）。但AARRR实际上是一个线性的漏斗模型，并且是一个单次的量化投入产出比的过程，好处是容易量化，坏处是不容易从一个全局的、复用的角度去看待增长这个过程。

Zoom的增长战略采用"循环"模式，更强调资源的一体化、模型的系统化。在Zoom很多合作发展的产品整合中，关键点都在于把留存的触发器摆在用户可能需要这个产品的地方或者环境里。环境因素的循环是整个Zoom案例的关键。对Zoom这样的产品的需求一般发生在“上游”，类似日历、邮箱、聊天应用产品。而且，没有办法对用户是否要“开会”这件事产生影响。所以为了养成习惯，Zoom需要做到的是尽可能地把产品放在用户可能有需求的地方，而且要尽量使过程变得顺畅且减少损耗。用户习惯形成的循环，如图5.4所示。

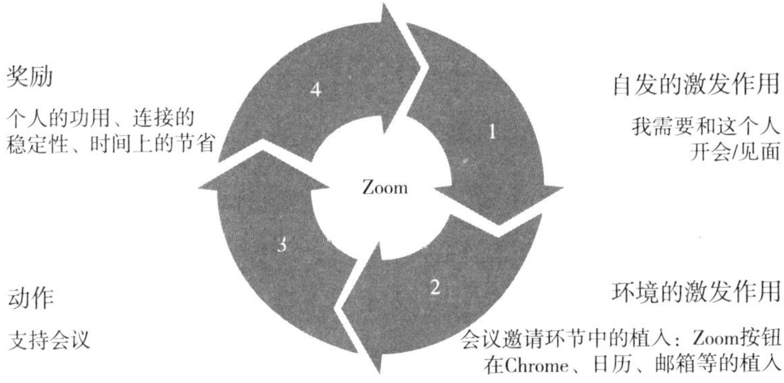

图5.4　Zoom的用户习惯循环

资料来源：产品猎人（作者：Shirley）：上市1个月市值超半个百度 Zoom如何做产品增长？https://new.qq.com/omn/20190519/20190519A0IM06.html?pgv_ref=aio2015&ptlang=2052。

在Zoom的增长模型里，用户传播的裂变循环可以有双倍效用在留存里，如图5.5所示。

作为企业级产品，销售的环节也尤其重要。Zoom有一个很大的销售团队，销售也是非常重要和成功的一个获客循环的组成，如图5.6所示。

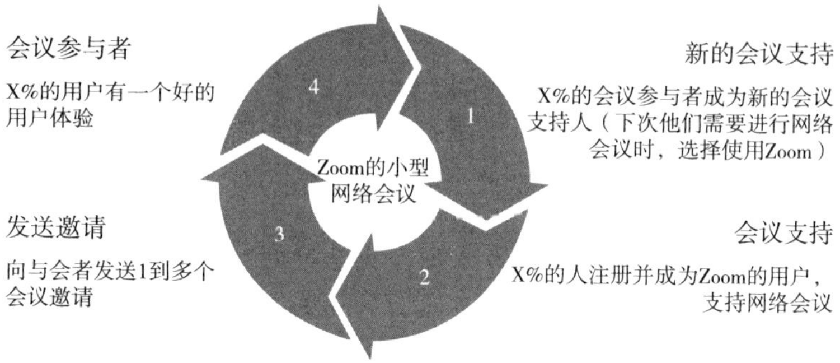

图5.5 Zoom的用户传播循环

资料来源：产品猎人（作者:Shirley）：上市1个月市值超半个百度 Zoom如何做产品增长？https://new.qq.com/omn/20190519/20190519A0IM06.html?pgv_ref=aio2015&ptlang=2052。

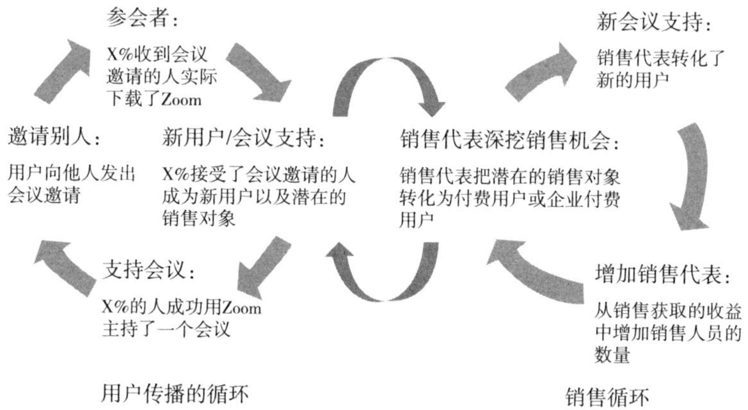

图5.6 Zoom的销售循环

资料来源：产品猎人（作者：Shirley）：上市1个月市值超半个百度 Zoom如何做产品增长？https://new.qq.com/omn/20190519/20190519A0IM06.html?pgv_ref=aio2015&ptlang=2052。

Zoom 再次腾飞

2020 年新型冠状病毒肺炎疫情在全球大暴发，对于许多企业和家庭而言，无疑是一场噩梦。但依旧有一部分行业、一部分企业获得了千载难逢的机遇，如口罩加工行业、呼吸机生产行业、网络视频行业、远程会议服务行业等。Zoom 也是获此机遇的企业之一。

Zoom 是一家典型的无限供给产品提供商。与有限供给产品如口罩的生产企业不同的是，Zoom 的业务暴增基本不会受到产能限制，很多用户因新型冠状病毒肺炎疫情而不得不在家办公，因此知晓了 Zoom 这一软件的存在。经过使用之后还会把 Zoom 推介给其朋友或工作伙伴。

新型冠状病毒肺炎疫情期间，Zoom 的日活跃用户从 2019 年底的 1 000 万人激增到 2020 年 3 月底的 2 亿人，再到 4 月的 3 亿人，增长了整整 30 倍。

新增的用户中，有 1.9 亿是免费用户。新型冠状病毒肺炎疫情暴发后，Zoom 就决定对所有新注册的中国用户免费。紧接着 Zoom 也对美国各大教育和医疗机构免费。不仅免费，Zoom 还取消了 40 分钟的时间限制，这一行为在教育领域大受欢迎。同时，还增加了一些社交 App 的功能，获得了不少年轻人的支持。

Zoom 一跃登上 App Store 中免费下载第一名，成为视频会议软件中的一匹黑马。Zoom 的市场估值也一路逆势暴涨。4 月 28 日，其市值逼近 440 亿美元，是上市时的近三倍。

或许有人会说，Zoom 获得此机遇，用户数量短期内暴增几十倍，或多或少是因为运气。此话不假，但机遇和运气是给有心人准备的。Zoom 抓住了机遇，乘风飞扬，和其拥有一流的产品、卓越的口碑、正确的营销策略是密不可分的。Zoom 的市场竞争者也不少，又有几家实现了用户数量几十倍的增长呢？

第六章　正反馈与企业裂变式增长

迁移成本与锁定效应

> 锁定效应，是指用户基于习惯和沉没成本方面的考量，会与原有产品形成某种程度上的绑定，不会轻易选择其他替代品。迁移成本越高，锁定效应越强。此效应一般会在迁移收益高于迁移成本时被破解。

传统加工制造业的核心资产是厂房和设备，而无限供给产品开发企业的核心资产是技术、数据和客户。本书已经反复论述了用户在新经济中至高无上的重要性：**有限供给经济主要由生产规模（产能）驱动，而无限供给经济主要由需求规模（用户）驱动**。那么，如何吸引用户，又如何牢牢黏住用户（降低用户流失率）呢？此处将分析无限供给经济，特别是数字化经济中有关留住客户的几个重要效应。

首先我们来介绍一下锁定效应。为了便于理解，我们不妨先看几个例子。

人们的生活和行为习惯都存在某种程度上的惰性，接受新事物需要一个过程和外部推动力。如果一个人在 20 岁之前一直穿平底鞋，从未穿过高跟鞋。突然之间，要想这个人改穿 20 厘米、尖头的高跟鞋，她一定会感觉不舒服、不适应、不情愿。所以，如果没有某种强烈的动因，她是不会轻易放弃平底鞋而改穿高跟鞋的。同样，用惯苹果手机的人，在换新手机时，更倾向于选择搭载 iOS 系统的苹果手机，而不是选择搭载安卓系统的其他品牌手机。而用惯联想电脑的人，也不会轻易换上苹果的 Mac。

许多产品，特别是有一定复杂性的科技产品，使用者需要花费一定时间去学习，去适应，才会得心应手。已经投入的学习时间，从经济学角度看，构成了用户的沉没成本。如果改用新产品，需要另外投入时间去学习和适应，消费者可能就不愿轻易放弃已经熟悉的产品，而去选用替代品了。比如，在统计、数据处理软件中，如果你习惯了使用 Stata[①]，就可能不会再去学 SAS（Statistical Analysis System，统计分析系统）了。

企业采购设备和办公管理软件，是要耗费大量资金的。如果放弃原有设备和软件不要，改用替代性的产品，原有的投入作为沉没成本，很难回收。例如，企业已经投入巨资安装了 ERP（企业资源管理系统）和 OA（办公自动化系统），如果要重新更换系统，选择别的供应商的产品和服务，那么

① Stata 是一套非常著名的用于数据分析、数据管理以及绘制专业图表的整合性统计软件，由美国 Stata 公司开发提供。

过往的投入就会付之东流。没有强烈的理由，企业也不会轻易改弦易辙。

总结上述几个有关锁定效应的例子，我们可以概括地说，所谓锁定效应，是指用户基于习惯和沉没成本方面的考量，会与原有产品形成某种程度上的绑定，在没有足够推动力的情况下，不会轻易选择其他替代品的行为。

由于锁定效应的存在，两个相同或高度接近的技术产品，第一个是较先进入市场，积累了大量用户，用户对其已产生依赖；第二个是较晚才进入市场。对于同种意义上的科技产品而言，用户对第一个已经熟悉了解，而对第二个还需要重新学习与了解，则显得比较麻烦，因此，较晚进入市场的产品很难再积累到用户，从而慢慢退出市场。较先进入市场的产品相当于已经锁定了同种类型的科技产品，从而发展得越来越快。这种现象也被称为路径依赖。

阿瑟是最先研究技术演变过程中路径依赖的学者。阿瑟认为，新技术的采用通常具有收益递增的机制，先发展起来的技术通常可以凭借先占的优势，实现自我增强的良性循环，从而在竞争中胜过自己的对手。与之相反，一种较其他技术更具优势的技术却可能因晚到一步，没有获得足够的支持者而陷于困境，甚至“锁定”在某种恶性循环的被动状态之中难以自拔。

锁定效应肯定了我们在上一章讨论的占据优势，也给企业留住用户提供了一条重要线索。但是，锁定效应是相对的，并且是可以破解的，不同产品的锁定效应的强弱差别也很大。

要破解锁定效应，关键在于两个因素，一是转换（迁移）成本，二是转换收益。转换成本是迁移的阻力，是锁定效应存在的经济基础；转换收益则是迁移的动力。当动力超过阻力时，锁定效应将会被打破。

转换成本包括多种类别，具体都有哪些呢？

（1）毁约成本。许多情况下，企业购买的服务会约定一个有效期限，提前终止合约将导致保证金的损失或违约索赔诉求。常见的例子如房屋租赁。如果签了三年合同，一年后想退租，租户一定会被要求对房东予以约定的补偿。也就是说，租户被合同锁定了。

（2）设备更新成本。要换房子、搬家，可能原有的一些家具将不再适用，需要重新购置或更换。

（3）资料数据的迁移成本。将一部旧手机里的通信录、短信等数据迁移到新手机需要花费时间，这就是一种迁移成本。如果你想换一个新的手机号，且希望让所有朋友、工作单位、开户银行等知道并备注你的新号，就可视为一种迁移活动。

（4）学习培训成本。新的技术产品，一般需要学习掌握产品性能和使用方法后才能用好，会产生一定的培训学习费用。就如同需要花时间学习新买的各类电器、厨具的使用方法一样，只是技术类产品、软件系统等的学习培训费用可能更高而已。

（5）既得利益损失。如果放弃原有产品和服务，可能意味着损失一些既得利益，如长期使用产品能获得积分兑换奖励。

（6）心理和隐性成本。已经习惯了原来的居住小区，而且还在小区里结交了几个好朋友。搬离现在的居住地，心里会有些不适应。

（7）转换收益（迁移成本），比如新产品功能更强大、质量更可靠、收费更便宜、使用更方便等。

锁定效应是客户黏性（忠诚度）的重要保障，对于互联网、数字经济领域的企业而言，锁定效应更显重要。如果没有较强的锁定能力，企业在流量和获客方面耗费的巨资，就很难发挥应有的作用。

锁定效应的强弱，既有产品的天然属性，也有企业的人为设计。例如，中国的电信服务提供商曾经为了锁定客户，不允许客户转到其他电信公司时继续保留原来号码。由于变更电话号码会带来许多不便，因此电信公司当时能够较好地锁定相当一批老用户。电商、银行、航空公司则更倾向于设置忠诚顾客计划，如用户积分等。航空公司不仅常给旅客里程奖励计划，还给高端客户提供金卡、银卡，使其享受更好的服务，其目的就是要锁定高端客户。

对于某个行业以及某种产品的后进入者而言，破解前辈的锁定效应非常重要。创新、质量、性能、用户友好度、价格等都可以成为破解锁定效应的武器。其中，创新和产品品质的改善显得尤为重要。先进入者如果故步自封，不能适应技术和用户需求的变化，在产品快速更新换代的过程中也很有可能会被残忍地淘汰。美国的摩托罗拉、欧洲的诺基亚都是移动电话业的前辈，20 世纪 90 年代至 21 世纪初都是手机行业的引领者。苹果在 2007 年才发布第一款 iPhone，但苹果首开触摸屏和智能手机的先河，使其很快超越了所有老牌手机生产商，成为智能手机时代的市场领军者。前面我们也曾分析讨论过今日头条颠覆老牌门户网站新浪、搜狐的案例。今日头条能破除新浪、搜狐的锁定效应并很快获得巨大成功，其技术创新能力功不可没。辩证地看，新浪、搜狐由于没能很好地顺应智能化和移动互联网时代新闻资讯推送的大势继而衰落了。

智能与数字经济的网络效应

> 网络效应也叫作网络外部性，是指产品的用户规模扩大会提升每个用户的利益。这是一种马太效应，让强者更强，弱者更弱。在具有网络效应的产业中，“先发优势”和“赢家通吃”是市场竞争的重要特征。

网络效应是以色列经济学家奥兹·谢伊在《网络产业经济学》（*The Economics of Network Industries*）中提出的。网络效应是指一种产品或者服务，通过某种网络形态被连接起来，产品和服务的价值随购买这种产品及其兼容产品用户数量的增加而增加。简单来说就是，“用的人越多，产品越重要，对用户越有利”或“网络越大越好”。用规范一点的学术语言讲，某种产品对一名用户的价值是该产品用户总规模的递增函数，在经济学中也称为网络外部性（network externality）。例如在电信系统中，当人们都不使用电话时，安装电话是没有价值的；而电话越普及，拥有电话的价值就越高。

在现实经济活动中，不仅存在网络外部性现象，还有许多网络负外部性现象存在。如果一个景区游客太多，游客的游玩品质就会下降，例如排队等候时间过长，过度拥挤导致拍照不方便。再例如，一款奢侈品买的人太多，其消费者的炫耀价值就会随之下降。

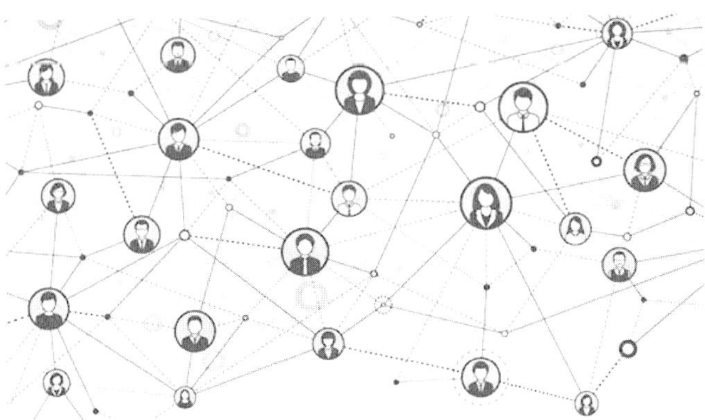

图6.1　网络效应

资料来源：hulian.xiaob.org，转引自百度图片。

网络效应可以分为直接的网络效应和间接的网络效应。比如电话用户之间存在直接的网络效应，而视频网站用户之间则存在间接的网络效应。从表面上看，用户选择登录哪个视频网站观看视频，对我们没有任何直接影响。然而当许多人都和我们一样使用某个特定视频网站时，网站就有更多的动力和财力持续维护和升级，提供更多和更优质的视频内容。因此，其他人选用和我们一样的视频网站会间接提高我们使用视频网站的价值。

网络效应不仅适用于互联网，而且适用于其他有网状交流需求的产品和服务，在传媒、电信服务、软件开发、航空运输、金融等行业普遍存在网络效应。比如，我们常用的处理文字、图表的办公软件，也一样具有网络外部性。如果你不是做保密工作的，那么你用软件编辑出来的文字、图表不仅自己可以浏览，也可以面向受众开放。如果你使用的软件独一无二，那么编辑出来的文档用其他的电脑软件根本无法打开，这时你的工作就没有意义。大多数人选用微软公司的Word、Excel 等通用软件编辑文档正是网络效应的体现。

从某种意义上来说，网络效应也是一种马太效应，让强者更强，弱者更弱。在具有网络效应的产业中，“先发优势”和“赢家通吃”是市场竞争的重要特征。

2009 年 8 月，新浪推出了中国国内第一家由知名互联网公司打造的微博平台——新浪微博。一经推出即受到市场热捧，用户规模一度爆发式增长。2009 年底，新浪微博活跃用户突破 500 万，2010 年 10 月底，新浪微博注册用户数量则超过 5 000 万。新浪微博被许多人接受后，一些当时和新浪齐名的互联网巨头，纷纷推出各自的微博平台。2010 年 4 月，“搜狐微博”上线公测；2010 年 5 月 1 日，腾讯微博开放用户注册邀请。这些微博产品仅比新浪微博晚了几个月的时间。但正是这几个月的宝贵时间，使新浪微博获得了明显的先占优势。在强烈的锁定效应和网络效应的支撑下，新浪微博在影响力、用户数量、营收、品牌价值等诸多方面将对手远远甩在了身后。当然，塞翁失马，焉知非福，腾讯后来在社交即时通信领域的创新产品——微信，使得腾讯的影响力和用户数量又完胜新浪。

网络效应不是数字和智能经济时代的独有现象。但是，在新经济时代，互联互通成为许多产品和服务的基本特点，万物互联成为一种不可阻挡的趋势，网络效应更显重要了。一是万物互联把许多产品连接起来，形成为数众多的大大小小的网络，越来越多的产品不再是以单个产品孤立地存在，而是成了网络的一个节点。二是网络效应体现的是一种需求方规模经济——基于用户数量的规模效应，正中新经济中无限供给产品的下怀。无限供给产品最需要的就是海量用户，最不担心的就是如何满足大规模用户的需求。

其实，只要我们看看微软和腾讯有多成功，就可以领会到无限供给经济中网络效应有多强大。许多人认为微软和腾讯的成功是因为技术优势。微软操作系统及办公软件的技术和腾讯的微信与游戏开发技术固然强大，固然重要，但是仅凭技术，绝对不足以支撑微软 1.2 万亿美元的市值和腾讯

4 600 亿美元的市值（2019 年底数据）。性能方面能够和微软媲美的操作系统及办公软件有好几家，能够在质量上和微信抗衡的社交通信软件更多，并且开发这些软件产品，根本耗费不了 100 亿美元。所以，腾讯和微软的成功，更多在于其庞大的用户规模所产生的网络效应，在于需求方的规模经济。也许你可以开发出比微信更好的社交软件，但你很难再获得亿万量级的用户规模。

网络效应的最大价值在于帮助规模企业巩固其获取用户的能力，并强化之前讨论过的锁定效应。用户是无限供给产品开发企业的核心资产，用户增长造就了独角兽。很少有巨头是通过长期付费获取用户成长起来的，因为成本实在太高了。而对于拥有网络效应的企业来说，情况则刚好相反，随着网络的不断延展，所有参与者都能受益，CAC（用户获取成本）保持不变，甚至可能会下降。

亚马逊初创时，买家和卖家不太愿意使用这个平台，因为当时亚马逊充其量只是个网上书店。但是后来，它慢慢成长为一个巨大的电商平台，亚马逊的年销售额开始突破百亿美元，全球各地的卖家争先恐后地使用亚马逊，且不需要为此付一分钱。

与此同时，亚马逊比沃尔玛有更多的选择和更低的价格，而且还能送货上门。亚马逊的网络效应解决了用户增长问题，提高了利润率，降低了 CAC，并将 LTV（Life Time Value，用户终身价值）推向了高峰。

如果我们认真审视一下当今世界成功的新经济巨头及其产品，诸如微软的操作系统和办公软件、腾讯的微信、阿里巴巴的淘宝、字节跳动的抖音，就会发现无论是直接的还是间接的网络效应，均发挥了巨大作用。

具有较强网络效应的产品，一般也具有较强的排异性或排他性。不兼容的产品是难以互相连接的。例如，新浪微博的用户和腾讯微博的用户，属于两个完全独立的网络，彼此之间是不能直接互动的。兼容，是一个产品能够渗透至某一特定网络的基本要求。联通用户和移动用户之间、手机电话和座机电话之间能共存于一个巨大的通信网络，能彼此实现无缝连接，靠的就是兼容这两个字。

正反馈与裂变

数字经济、互联网应用领域常常具有极强的正反馈效应，用户越多，企业越有实力提供更好的产品和服务，反过来吸引更多用户。当许多企业争夺具有正反馈效应的市场时，只有一个或少数几个赢家。正反馈，是企业裂变式增长的推动力，是裂变的先决条件。

正反馈是指一个系统的输出会影响输入，输出增加时会导致输入增长，造成输出变动持续加大的情形。简单来说，当 A 产出了更多的 B，B 会回过来产出更多的 A，然后更多的 A 又能产出更多的 B，循环往复，这个过程就称为正反馈（如图 6.2 所示）。正反馈效应在自然、社会、商业等领域均有重要应用。

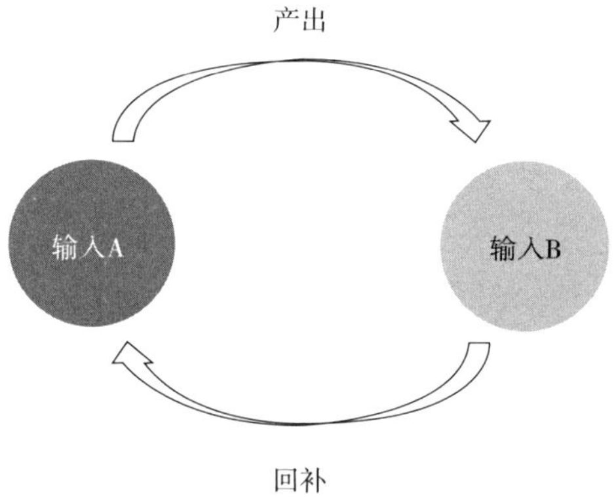

图6.2　正反馈示意图

正反馈效应和网络效应有许多类似的特点，是马太效应的一种特殊形式。这一效应也会使强者更强，容易导致赢家通吃。

数字经济、互联网应用领域具有极强的正反馈效应。当许多企业争夺具有正反馈效应的市场时，只有一个或少数赢家，这种情况在网络经济中最为突出。网络越大就越有价值，越有价值就越能吸引用户、供应商和合作机构，并因此变得越发强大。

在网络视频领域，平台方有内容提供者（IP），也有观众或称用户。平台上提供内容、发布视频的人越多，平台就越有吸引力，观众也会越多。观众越多，在平台发布的内容越有价值，愿意在该平台分享、发布视频内容的人也会进一步增多，形成一个良性的正反馈系统。抖音的成功，就是这种正反馈效应的极好例证。抖音是由字节跳动孵化的一款创意短视频社交软件，于 2016 年 9 月正式上线，至 2019 年，抖音便获评中国影视传媒品牌价值全国第一，成为中国最热门的短视频平台之一，并具备了国际影响力。

从事 B2C、C2C 业务的电商平台是展示正反馈效应的另外一个很好的例子。一家电商平台要发展，离不开卖家和买家。买家越多，卖家生意越好，也会吸引更多卖家加入；卖家越多，买家越容易买到性价比高、称心如意的商品，因此又能吸引更多买家。阿里巴巴的淘宝、天猫是中国最大，也是全球排名顶尖的电商平台。它们的地位难以撼动，就是因为它们聚集了为数众多的买家和卖家。

在纯技术领域，比如软件开发，正反馈效应同样明显。举例来说，微软的 Windows 系列软件是电脑上安装最多的操作系统，在手机操作系统领域，谷歌的安卓和苹果的 iOS 则处于引领地位。这些操作系统非常强大，不仅是因为品质、品牌和可靠性，庞大的用户基数也功不可没。一台电脑或一部手机，只有操作系统是远远不够的，还需要有大量配套的应用软件。操作系统的用户越多，愿意在该系统开发应用软件的开发商也就越多；配套软件越多，愿意选用该操作系统的用户自然更多，继而形成所谓的正反馈。

在无限供给的情况下，产品使用对企业而言几乎没有边际成本。用户越多，企业收入和利润越多，越有能力投入资金进行研发和产品升级，改善产品质量和服务，因此，又反过来吸引更多的用户。正反馈效应几乎对所有产业都有利，但对无限供给产品显然更为重要。

许多无限供给产品同时集锁定效应、网络效应和正反馈效应于一身。正是这些效应的叠加，进一步强化了无限供给产品领域的产业集中和赢家通吃。无限供给产品领域也因此更容易形成垄断。

需要强调的是，正反馈是把双刃剑，正反馈不等同于快速（正）增长。正反馈本身就是一个放大镜，在放大优点的同时，一样会放大缺点；在强化领先者成功地位的同时，也会加速落后者的衰败。与强者更强形影不离的同胞兄弟，其实就是弱者更弱。

微软自 20 世纪 80 年代以来，就是家喻户晓的软件高科技公司，在计算机操作系统领域长时间占据绝对霸主地位。2010 年 10 月 21 日，微软正式发布一款手机操作系统，初始版本命名为 Windows Phone 7.0。此后，陆续发布了一些升级版本，最著名的，也是最后一个版本被称为 Windows Phone 10。诺基亚、三星、摩托罗拉都曾使用过 Windows Phone 操作系统。

微软在操作系统软件开发方面的技术实力，相信没人会怀疑。微软当年的品牌影响力和公司整体实力更是不输苹果和谷歌。为什么却在手机操作系统开发方面完败于谷歌的安卓和苹果的 iOS？原因正是用户规模和正反馈效应。

与 iOS 及安卓相比，Windows Phone 系统是手机市场的晚辈，初始市场份额很小。由于市场份额小，使用者并不广泛，此系统很难提升对开发者的吸引力，缺乏 App 生态和手机代工厂支持，敌不过安卓与 iOS 的生态系统。

与安卓和 iOS 相比，Windows Phone 的生态系统过于匮乏，虽然微软也曾通过基金池的形式鼓励开发者加入 Windows Phone 系统，但是效果不明显。对此，Windows Phone 开发者曾表示，微软的移动系统架构变更之频繁令人发指，即使只是从 Windows Phone 8 到 8.1，都有相当大程度的变动，让开发者疲于应付，最终失去信心，导致很多程序员不愿意为微软进行移动端软件开发。这种状况更加恶化了微软手机系统的应用场景。

用户少导致应用软件的生态系统欠佳，生态系统不好则限制了用户增长，形成了微软手机系统正反馈的恶性循环。截至 2017 年第一季度，市场调研机构 IDC（互联网数据中心）报告显示，Windows Phone 操作系统在全球范围内的市场占有率仅为 0.1%。相比之下，安卓的份额高达 83.2%，iOS 也有 16.6% 的份额。

2019 年 12 月 10 日，微软宣布彻底放弃移动操作系统，将停止发送新的安全更新，随着 Windows Phone 10 操作系统的支持结束，微软建议用户使用苹果和安卓手机。

物理学中的“核裂变”，就是一种典型的正反馈效应。其原理是用中子轰击原子，产生一种链式反应，一个原子核分裂成几个原子核，然后再分裂，从而释放出巨大能量。这种链式反应，在营销上，就叫裂变式传播。这种营销方式在微博和微信出现之后，最为常见。

传统经济时代，每个人能影响到的人群只有身边的亲朋好友，然而，在社交新媒体时代，除了身边的朋友外，人们还可以方便地跟有共同爱好或利益的人进行连接，形成一个庞大的社交网络。相比企业通过媒体发布广告传播的信息，人们更倾向于相信圈子内部流通的信息，形成裂变式的传播效果。

目前绝大部分成功的营销活动，企业用户的爆炸性增长，都是依靠用户的互相推荐，企业要做的是有效利用市场的杠杆力量，来激发一系列的连锁反应。成功的裂变，是以链式反应为前提的。当员工、朋友、合作渠道、现有用户转发后，下一层的被传播者需要接过接力棒继续分享、传播，每个用户和朋友能带来若干新用户，正反馈效应或裂变式增长的目标才能实现。如果用户传播给各自的朋友圈后不能形成再次分享，传播链中断，裂变效果就无法形成，传播转发只能沦为小群体的响应。

需要指出的是，本章提到的锁定效应、网络效应以及正反馈效应，彼此之间是高度关联、相互作用的。锁定效应帮助企业留住用户，用户规模扩张产生的网络效应以及正反馈效应，会进一步强化用户的快速增长，形成所谓裂变式增长。

同时，由于网络效应的存在，用户增长产生正外部性，也会帮助强化企业的锁定效应。从某种意义上讲，没有强大的锁定效应,也不会有强大的正反馈效应。如果企业不能留住用户，再好的引流、用户获取手段也不会长期奏效，用户端的正反馈效应也就无从谈起。

关于在企业竞争策略中如何充分考虑和利用这些效应，以帮助企业获得优势竞争地位，我们将在下一章进行进一步阐述。

第七章　从产品竞争到生态圈战略

无限供给产品的市场结构

无限供给产品不需要有大量同质化产品的供应商。这类产品的市场一般不会是完全竞争的。市场演化的结果很可能是市场势力的集中，形成某种程度的垄断或寡头垄断。

无限供给产品与有限供给产品的两个重大差异，决定了两者的市场结构和市场竞争格局必定有重大区别。

第一，对于传统有限供给产品市场而言，每家企业产能相对有限，因此，同样一种产品，比如，面包或牛肉，需要同时有多家企业生产才能满足市场的巨大需求。而无限供给状态下，同样一种产品，如计算机的操作系统，或百度、谷歌的搜索服务，以及微信这样的社交 App，一家或少数几家企业就有能力满足整个市场的需要。因此，大量企业生产、提供相同的产品在无限供给产品领域无疑是一种资源浪费。

第二，有限供给产品生产企业增加销量时，固然会增加收入，同时也会大大提高成本；而提供无限供给产品的企业增加销量时，增加的收入即是利润，因为边际成本为零。由于无限供给产品不存在产能制约，一家企业即可满足所有用户对该产品的需求，且没有边际成本困扰，所以更有能力、也更有动力追求规模扩张，甚至垄断。

比较而言，无限供给产品供应商对规模、市场份额乃至市场垄断的渴求，要比有限供给产品供应商强烈得多，也现实得多。微软的计算机操作系统、百度和谷歌的搜索服务、Facebook 和腾讯的网络社交、阿里巴巴的电商服务等，都分别在各自细分领域占据支配性的市场份额，近乎垄断了细分市场。

在微观经济理论中，依照市场上企业的数量、企业所提供产品的差异、对价格的影响程度以及进入障碍等特征，市场被划分为完全竞争、垄断竞争、寡头垄断和垄断四种市场结构。

完全竞争市场假设为数量极其众多的企业生产完全同质化的产品，而且每家企业只有占据很小的市场份额的能力。对于可无限量供应市场的无限供给产品生产企业而言，这种市场结构几乎没有存在的可能，也无存在的必要。

垄断竞争市场存在许多卖方，垄断竞争者在市场上竞争，生产有差异的产品。存在数量较多的企业以及容易进入的特征意味着这个市场看上去是具有竞争性的。这种市场中的企业可以使它的产品具有独特属性，是这种市场区别于完全竞争市场的地方。企业可以通过自己的差异化商品来获取某种垄断地位。如果它能使自己的商品足够与众不同，就能成为唯一的卖方，并具有垄断者的市场能力。在垄断竞争市场缺乏进入壁垒的情况下,会限制单个企业的市场力量。网络游戏、影视、音乐节目制作大体属于这种市场结构。每款网络游戏，每个影视、音乐节目都可以看作无限供给产品，但每款网络游戏都有自己的特点，有自己的玩家，很难有一款游戏能把所有人网罗进来。

寡头垄断市场是指一个市场只有少数几个卖方，或者少数几个卖方把持了市场上绝大多数的份额。中国的电商领域主要由阿里巴巴、京东、拼多多等几家巨头把持；中国的移动支付则基本由腾讯的微信支付和蚂蚁金服的支付宝两大巨头支配；中国的电子地图服务则主要由百度、腾讯、高德等公司瓜分。

垄断市场是指只有一家厂商提供所有供给的市场结构。垄断厂商面临着整个市场的向下倾斜的需求曲线，这就决定了垄断厂商在产品市场上不仅可以决定提供多少产品（哪怕可以无限复制），而且可以决定索要多高的价格。微软基本垄断了全球计算机市场的操作系统和办公软件；百度则基本垄断了中文搜索引擎（360 等也有一定市场份额）。

总体来看，无限供给产品的产品属性造成了更高的市场集中度，从而导致市场更容易出现垄断或寡头垄断。行业中的一个优秀企业完全有能力供应无限多的产品，满足数量庞大的用户需求，实现所谓的赢家通吃。有限供给行业，由于产能制约，赢家想通吃，也没那么大的胃口。海底捞的企业规模再大，也难以垄断火锅行业，更无法垄断餐饮行业。

2011 年发生的“千团大战”[①] 以及随后的“团灭”，只剩下“美团”和“百度糯米”等极少数头部企业称霸团购市场，就是无限供给市场从完全竞争不断趋于垄断竞争的典型案例。

2010 年，团购模式由国外传入中国，越来越多的创业者认为，这个模式的市场门槛不高，成功的机会极大。人们竞相模仿的对象，是美国的明星创业公司 Groupon（高朋，2008 年 11 月成立，以网友团购为经营卖点）。高峰时，中国有不下 5 000 家大大小小的企业涌进来做团购网站，其中最有名的三家团购网站，分别是百度投资的百度糯米，阿里巴巴投资的美团，腾讯支持的大众点评，最后美团存活下来才转投到腾讯，并与大众点评合二为一。

在 2011 年，这 5 000 多家团购网站掀起了中国互联网历史上最疯狂的“千团大战”，一时战况空前，大大小小的团购网站势如破竹，通过 VC（风险投资）机构融资，拼命投

① 《美团点评的成功只是暂时的？饿了么终会让美团饱尝失败后的痛苦？》，看点快报，2018 年 10 月 10 日，https：//kuaibao.qq.com/s/20181010A12OXH00？refer=spider；《回顾 10 年前的“千团大战”，领略美团跑腿外卖的诞生》，搜狐网，2018 年 9 月 21 日，https：//www.sohu.com/a/255235755_100141945；《一个美团成功的背后，是上千家类似企业的倒闭》，搜狐网，2020 年 5 月 2 日，https：//www.sohu.com/a/392570970_120419360。

放广告，拼命补贴烧钱，试图抢占市场份额。国内的团购网站融资金额达到70亿元，当时拉手、24券等的投资人给创业者的话都是："你往前冲，速度最重要，钱，不是问题！"结局当然是损失惨重，大家只靠烧钱，势必演化成难有赢家的"囚徒困境"，资金挥霍一空后，自然就失去支撑了。最后，不到一年的时间，绝大多数团购网站在残酷的竞争中应声倒下。

2010—2011年，美团杀入团购市场，在惨烈的竞争中，美团做了几个后来被证明正确的决策，才使团队发展壮大。

（1）放弃PC端市场，转身拥抱移动互联网。2012年，大多数创业者都还在抢占PC端市场，美团洞察到外卖市场的转向，随着经济发展，使用智能手机的人越来越多，于是在有限的资源下放弃了所有对PC端市场的投放，全部用来投放到移动端上。这一决策非常果断也非常关键，因为仅仅过了两年，也就是2014年的时候，90%的团购订单都迁移到了手机上。

（2）选择优质商家来做补贴，而不是漫天撒钱。许多团购、外卖平台靠补贴抢客户、拿流水；美团则是用补贴抢占供给的制高点，让美团能有更好的合作商家，有更好的商品可卖。花同样的钱，美团的效果则完全不同。PC端补贴是扬汤止沸，相互捅刀子，供给端是釜底抽薪。美团当时选择了一些优质的商家，比如星巴克、哈根达斯、庆丰包子等，美团主动拿钱做补贴，一起做活动，最终呈现出来的效果非常好，美团的客户满意度和影响力大增，流量转化率很高。

（3）跟踪数据，有的放矢。美团有个雷达搜索器，只要日均交易量达到1 000单以上的，美团都要去看看别人到底是在干什么、怎么做到的。也就是说，密切关注哪里能挣钱，哪里有机会。

（4）勤跑腿，不怕累。美团招了一大批业务员，一家一家地去干脏活、累活，逐一上门拜访，让这些餐厅用美团的系统。

美团几乎没有什么核心技术，就是靠着简单的商业逻辑和有效的竞争策略，最终却成功了，甚至成了一个具有垄断性的实体。2015年10月，美团已经控制了50%的外卖、80%的团购市场。于是,美团有了底气,要求商家提高手续费，从2%提高至12%。很明显，美团一旦在外卖、酒旅等市场上取得了绝对的垄断优势，对商家、骑手和消费者可能都不见得是什么好事。

“千团大战”也好，滴滴打车、快的打车崛起过程中的“出行大战”也罢，充分显示了无限供给领域，特别是数字经济领域残酷竞争的一面。无限供给领域没有产能制约，不需要太多供应商，加之网络效应、正反馈效应的作用，最终市场上通常只有少数头部企业胜出，形成一种相对垄断的市场格局。

有人认为很多互联网领域、数字经济领域，最终会形成“721”的市场格局。即第一名占70%的市场份额；第二名占20%，苦苦增长；后面的占10%，朝不保夕。

弯道超车的差异化竞争

> 对于无限供给产品而言，由于不存在边际成本，所以没有任何企业能在该类产品上获取明显的（生产）成本优势，并依靠价格竞争取胜。通过产品创新，走差异化道路，实现弯道超车，是行业后入者破解先占优势和锁定效应，并取得最后胜利的法宝。

在有限供给经济领域，企业的任何生产决策和销售决策，都绕不开一个关键因素——成本，或更准确地说，绕不开边际成本。从汽车到服装再到餐饮，许多不同档次、不同品牌、不同质量的产品能共荣共存，原因是低档次的产品一般成本低，价格也低。低档次产品可以利用成本优势衍生出的价格优势在市场上获得一席之地。

对于无限供给产品而言，由于产品的边际成本是零（或者是趋于零），所以没有任何企业能在该类产品上获取明显的（生产）成本优势，并依靠价格竞争取胜。例如，微信、百度、今日头条为用户提供的服务基本都是免费的，其他企业若想进入这些行业并且利用价格取胜，从何做起？难不成靠高额补贴？而这些在位的头部企业实力雄厚、难以撼动，一般企业在资金方面上也不是对手。即便是微软这样直接向用户收取高额费用的企业，任何一家企业如果想通过低价从其手中抢夺操作系统软件的大块市场份额，也是难上加难。且不说用户忠诚度和信任等方面的考量，当微软面临实质性竞争威胁时，自然也可以调低产品价格。

上一章我们曾详细讨论了锁定效应及其在无限供给经济领域的重要性。一个企业要想重新瓜分市场，在无限供给产品的暴利中分一杯羹，就必须设法破解在位头部企业对用户的锁定效应。我们已经知道，解锁的基本原则在于让用户的转移收益高于其转移成本。提高用户转移收益的方法不外乎降低收费标准（甚至直接补贴）或提高产品的使用价值。

对于边际成本为零的无限供给产品而言，新进企业或小型企业要想重复行业头部企业的产品和服务，靠价格、补贴血拼就想战胜头部企业可谓难上加难。通过产品差异化，出其不意，实现弯道超车才是王道。

锁定效应很重要，但并不是所有服务和产品都有较强的锁定效应。比如，大多数人在获取新闻资讯时，不会太介意到底是用新浪还是用搜狐，因此，PC 端时代的新浪和搜狐，锁定效应都不强。所以对于锁定效应不是十分强大的无限供给产品而言，产品质量好一点，产品性能新一点，产品功能强一点,产品竞争力就会大很多。特别是当产品本身免费（供应商主要赚取衍生收益）时，情况更是如此。如果能有革命性创新，大大改进产品性能，对原有产业产生颠覆性影响，那么对后来者而言，则是再好不过了。为了更好地理解这些观点，我们不妨来看一两个案例。

案例：谷歌如何赶超微软？[①]

谷歌公司成立于1998年，以开发搜索引擎起家，公司刚成立时，获得了SUN联合创始人安迪·贝希托尔斯海姆10万美元的天使投资。与此对照，当时的微软，已然成为科技巨人的象征，风头无两。PC时代，似乎用“Windows、Office、PC”便能完全概括。在这三个词语中，微软囊括了两个：Windows和Office，这意味着微软可以在整个PC时代呼风唤雨。

随着互联网的兴起并广泛应用，最吸引华尔街注意的只有两个词：“内容和服务”，从而诞生了谷歌、亚马逊等数字新贵。但由于谷歌当时和微软并没有直接的竞争关系，没有触及微软的核心利益，加之谷歌当时规模也小，对微软不构成商业威胁，更加称不上是“眼中钉”和“肉中刺”。微软CEO鲍尔默后来也承认：“微软最大的失误之一是没有从一开始就投资开发自己的互联网搜索技术，而依赖外部厂商提供相关技术。”必应（Bing）是微软于2009年5月推出的全新搜索引擎，用以取代Live Search（微软的智能搜索服务）。尽管必应也取得了相当大的成就，但终究难

① 《分析：微软与谷歌之争代表两个时代竞争》，杭州网，2005年09月08日，https：//it.hangzhou.com.cn/20050801/ca868733.htm；《现代互联网的塑造者：全面复盘谷歌20年发展历程》，https：//www.cnbeta.com/articles/tech/765075.htm等公开资料。

以赶超谷歌。

2004 年 8 月 19 日，谷歌正式上市，融资近 17 亿美元，市值为 270 亿美元。IPO（首次公开募股）之后，谷歌将目光投向搜索业务之外的领域。为了发布包括 Google Docs（谷歌文档）和 Google Maps（谷歌地图）在内的新产品，谷歌开始收购大量初创公司。2005 年，谷歌收购安卓。2006 年，谷歌以价值 16.5 亿美元的股票收购 YouTube（优兔）。当时，YouTube 还是一个全新的视频共享网站。一系列收购和创新推动了谷歌的飞速发展。时至今日，谷歌已经几乎可以和微软并驾齐驱，成为世界上备受瞩目的科技巨头。在搜索引擎、手机操作系统（安卓）等领域，谷歌打败了微软，在新兴人工智能领域，谷歌似乎也略占上风。

案例：今日头条的弯道超车[①]

今日头条的成功也是一个特别值得研究和关注的案例。今日头条由张一鸣等人创办于 2012 年，比提供互联网信息资讯服务的领航者新浪、搜狐等晚了很多年。张一鸣靠着他多年练就的软件功底，以及多年创业路积累的经验与独到眼光，选择了一条全新的路径做内容。今日头条的团队里有 100 多人基本上都是技术人员，没有一个文字编辑，也没有

① 李方，《今日头条是怎么发展起来的？——张一鸣研究》，搜狐网，2019-1-29，https：//www.sohu.com/a/292112417_482521 等。

一个人接触过新闻。

他们做的就是一件事：用纯技术算法手段从海量内容中搜索挖掘有价值的内容，最关键的是这些内容可以根据用户的需要进行“定制化”推送。在信息爆炸时代，这对于看不完信息的人们，不啻为一股清流。人们可以摆脱浩瀚无垠的信息海洋，只读取精准定制的有价值信息。

一个热点新闻刚刚出来，几秒后就被今日头条抓到了，然后就成了它的新闻，而且速度比任何纸媒都要快，推送比任何网站都精准。

这就是今日头条一举成功的秘密武器！

自 2014 年 8 月推出今日头条，短短 90 天时间，注册用户量就突破 1 000 万，等其他几大巨头反应过来，今日头条已经长成了庞然大物。今日头条就是这样，依靠 100 多名技术人员，凭着独门算法和初级人工智能技术，做到了以往人工手段可能需要几千人的团队才能做到的事。

为了解决自己不生产内容，老是“拿人手短”的短板，2013 年，张一鸣第一时间推出了“头条号”自媒体，邀请 1 万多家知名的自媒体生产内容，从此再也不用担心侵权了。几个月后，头条号就成为继微信之外的第二大自媒体平台。

2016 年以后，内容创业出现井喷，视频直播风口骤起。

张一鸣认为凭什么可以有腾讯系、阿里系，就不能有“头条系”。一方面，张一鸣不但投资了图虫网、华尔街见闻、新榜、财新世界说、极客公园、餐饮老板内参、30 秒懂车等 30

多个公司，更是大手笔收购美国短视频公司 Flipagram、音乐视频公司 musical.ly。

另一方面，他拿出10亿元资金补贴“头条号”的视频创作者，并推出火山、抖音两款小视频产品，今日头条更多地带有媒体属性，而火山、抖音则主要体现社交属性。就这样，只用几年工夫，就把“头条系”真的做成一个提供内容的大平台。

抢占赛道、微创新与颠覆式创新

抢占赛道，跑马圈地，持续创新是无限供给产品生产企业的常见竞争手段，是企业成长的重要举措。在创新方面，既要考虑产品性能的提高，也要兼顾改进后的产品和原有产品的兼容性。不顾兼容性的自我颠覆并不见得有利于企业发展。

对于无限供给产品生产企业而言，一旦有了产品，最为稀缺的资源将不再是设备和产能这些供给端要素，而是用户和市场这些需求端要素。因此，这些企业对用户、对需求端的争夺将比传统有限供给产品生产企业更加激烈、更加白热化。

（1）抢占赛道，先入为主策略。对于传统有限供给产品而言，如果市场足够大，单一企业由于产能等因素的制约，只能满足少部分市场需求，所以，后者通常依旧有发展机会。比如说餐饮行业、服装行业，不管存在了多少年，新企业也有生意可做。但无限供给产品行业则有重大区别。因为不受产能制约，较先进入行业的企业可以快速占领市场，满足市场上相当多数用户的需求。所以后者再要发展，必须从前辈那里抢夺用户，难度要大很多。鉴于此，企业对新技术、新模式保持高度敏捷，敢于创新，抢先占领赛道对于获取竞争优势变得尤为重要。在搜索引擎方面，Google 能打败微软，正是由于提前抢占了赛道。

（2）快速扩张、跑马圈地策略。无限供给产品生产企业一般比传统企业的扩张速度要快很多。“快鱼吃慢鱼”，成为新经济领域的一个常见现象。如果不能快速占领市场，待其他企业涌入争抢市场，企业在未来竞争中很可能会陷入被动局面。因此，跑马圈地、快速扩张成为很多企业在（无限供给）新产品市场开疆拓土的重要策略，特别是当产品技术门槛和进入壁垒不高时更是如此。像亚马逊这样的互联网巨头在崛起之初曾公开宣称以烧钱为荣，以不盈利为荣，以不惜一切代价抢先拥有市场占有率为目标。亚马逊 1997 年在《纽约时报》上提到，“我们可以盈利，盈利可能是世界上最容易的事情，也可能是最愚蠢的。我们把可能是利润的那部分钱再投资于将来的生意。如果现在就让亚马逊盈利，不管是哪个领导层做出的决定，都将是最愚蠢的决定”。滴滴出行、美团、摩拜单车、ofo、今日头条以及众多中国互联网企业在发展初期，也多采取了比较激进的争抢用户、跑马圈地的竞争策略。

不过，如果使用不当，通过“烧钱”这种策略跑马圈地也会给企业带来风险，甚至是巨大灾难。因盲目烧钱倒闭的互联网企业数不胜数，其中O2O和共享经济领域是重灾区。首先，大量补贴和烧钱可能导致企业财务失控、资金链断裂。其次，以“烧钱”策略获取用户可能会被“羊毛党”利用，白白葬送企业资金。最后，靠巨额补贴获得的用户忠诚度也许不高，一旦补贴消失，用户很可能会选择其他产品。其实，防范风险并没有那么复杂，主要还是遵循基本的财务规律和商业规律，即平衡用户价值和用户获取成本以及量力而行，确保公司财务安全。

滴滴打车和快的打车在合并之前就曾陷入“烧钱大战”的“囚徒困境”。在“烧钱大战”中，腾讯支持的是滴滴打车，阿里巴巴支持的则是快的打车。腾讯率先拿出2亿元支持滴滴打车，企图用较低的价格抢占市场份额，不过就在第二天，快的打车与支付宝合作，拿出5亿元进行补贴，也采取相同策略且补贴更高。马化腾在一次互联网大会上表示最多的时候一天投入4 000万元，但大家都不敢收手，否则就前功尽弃了。据了解，为了对抗腾讯对滴滴打车的投资，快的打车与支付宝联合对乘客和司机各补贴10元。口号是“永远比同行多一块钱”。然而，值得一提的是，腾讯与滴滴打车采用了一种随机红包补贴模式，金额为10~20元，被不少“羊毛党”发现其中存在漏洞，这些“羊毛党”开始用电脑、手机等定位设备进行刷单领红包，赚了不少。经过一年的竞争，滴滴打车和快的打车本着利益面前获取共赢的目的合并了，滴滴打车耗费了14亿元，快的打车耗费了10亿元，把市面上的打车平台逼倒40多家。如果不合并，不知道滴滴打车和快的打车这场资本比赛何时才能结束。

（3）收购兼并策略。收购兼并、强强联合是企业减少市场竞争，扩大市场规模，乃至拓展市场势力的重要手段，也是企业获取新技术、新产品、新市场的重要举措。前面案例中谈到滴滴打车和快的打车的合并，以及再到后来滴滴打车收购优步，产生这种现象对乘客自然没有太多好处，但对于滴滴出行平台而言，市场竞争缓和了，市场霸主的地位也如愿夯实了。其他行业也有很多例子。比如美团和大众点评的合并，在一定程度上也是为了巩固市场地位。谷歌收购安卓，帮谷歌获得了新技术和产品，开拓了新的市场，为谷歌的腾飞做出了重要贡献。

（4）抱团（联盟）竞争策略。无限供给产品大多需要硬件和其他产品结合在一起，才能真正发挥其使用价值。例如，视频软件需要安装在电脑和手机上，并有相应操作系统的支撑；人脸识别系统则必须和摄像头、数据处理芯片等设备捆绑才有用。如果无限供给产品的供应者能和互补产品提供商形成一个紧密联盟，并对部分竞争对手做出某些排他性安排，将有利于巩固自身竞争地位。当然，需要注意反不正当竞争方面的法律限制。

自20世纪80年代起，微软和英特尔为推动个人计算机产业的发展，组成了所谓的 Wintel 联盟。比尔·盖茨曾这样回忆微软与英特尔的友谊："微软和英特尔一起努力，开发更为快速的处理器。20 世纪 80 年代以前，苹果是个人电脑产业的霸主。IBM 在 20 世纪 80 年代开始采用英特尔的处理器和微软的操作系统，从而取代苹果成为个人计算机产业的老大，英特尔与微软此时也成为计算机产业的巨人。"

20 世纪 80 年代至 90 年代，Wintel 联盟进展得十分顺利。当时，英特尔处理器内存较大，于是 Windows 系统推出了占用较大内存的程序，促使人们购买配备英特尔处理器的个人计算机。此外，任何计算机厂商只要选择了英特尔或微软其中一家，就等同于连带选择了另一家，两者很难分开。

个人计算机产业中，Wintel 联盟的本质不仅是指它们占据了个人电脑市场 90% 以上的份额，更是指英特尔的芯片（硬件）与微软的 Windows 系统及应用（软件）进行最佳结合、协同更新，最终拉动了整个产业。

每每微软发布新的操作系统，英特尔的芯片也会有大的更新，两者的协同效应会让用户明显感觉个人计算机性能和体验大幅提升。

Wintel 联盟期间，微软与英特尔最默契的一次联手是对付 Power PC 联盟。20 世纪 90 年代初，苹果、IBM 与摩托罗拉结成一个联盟，共推 Power PC 微处理器。其构想是这样的，苹果发挥其操作系统软件的长处，摩托罗拉结合 IBM 在处理器方面的优势，推出有竞争力的 Power PC 芯片，然后两者结合向联盟成员提供产品。

Wintel 联盟随即展开了强烈的反攻。英特尔推出了具有划时代意义的奔腾芯片系列，而微软则“珠联璧合”地推出了 Windows 95 操作系统。英特尔和微软还分别展开了对 Power PC 联盟的分化瓦解，导致 Power PC 联盟无疾而终。

（5）微创新或颠覆策略。在技术不断进步、产品质量和功能日新月异的新经济时代，任何企业故步自封，创新不足，都不会长久地保持领导地位。创新是所有企业面临的共同课题。依据对产品特点和功能的改进程度，创新可以分为微创新、改良性创新和颠覆式、革命性创新两种类型。从唱片到磁带再到数字音乐，创新与改变是革命性的；从 iPhone 5 到 iPhone X 则是改良性的微创新。企业究竟选择何种创新战略，不仅要考虑研发投入和技术能力因素，而且必须充分重视创新对用户产生的冲击。这反映了创新与锁定效应以及网络外部性之间的某种冲突。

在上一章讨论锁定效应时，我们反复提到用户从一种产品迁移到另一种产品的迁移成本或转换成本。如果创新产品和原有产品兼容性高，迁移成本则相对较低。反之，如果产品兼容性低，甚至完全不兼容，迁移成本会很高。举例来说，如果原有的各种应用软件、数据、文档在新的操作系统中无法打开将是一件很痛苦的事。去年写的 Word 文档，用今年新版的 Word 软件就无法辨认，无法阅读，你的损失会有多大？你还会选用新版软件吗？因此，不考虑兼容性，一味强调颠覆、强调革命，未必是企业的最佳选择。

兼容性低的创新带来的另外一个结果就是降低网络效应，减弱网络的正外部性。如果新、旧产品兼容性低导致原有用户不愿迁移，而继续使用旧产品，不仅会影响新产品的推广，而且会把新、旧产品的用户划分为两个阵营和两个网络，不利于他们彼此之间的交流。在理想情况下，企业既想拥有高度兼容性，又想大幅提高产品性能的创新，但技术通常不会如此宽容，让你鱼和熊掌兼得。因此，企业能做的就是处理好兼容性和性能之间的平衡。既要保持技术领先地位，特别是防止外部势力颠覆，又要帮用户降低迁移成本，避免旧产品对客户的锁定。图 7.1 中，最佳平衡点是由迁移成本和内外部技术环境等综合因素共同决定的。如果外部颠覆性力量很强大，那么平衡点也只能相应地更加偏向性能提升的一端，也就是沿着图中的曲线向右下方移动。如果迁移成本高，则兼容性的重要性上升，最佳平衡点将沿曲线向左上方移动。

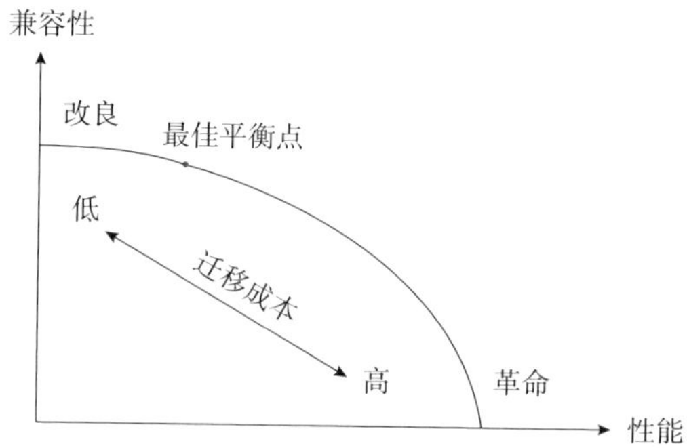

图7.1　性能与兼容性的平衡

以微软为例，1995 年其发布了视窗操作系统 Windows 95，一定程度上可以看成对原有 PC 操作系统 DOS（磁盘操作系统）的一次革命性创新，但即便是这样一个重要的革命性创新，微软也需要充分考虑系统的兼容性。此后，微软为 Windows 系统更新了许多次版本，从 Windows 95 到 Windows 98，再到 Windows 2000、Windows XP 等，则更多属于改良性创新，前后版本可以说是高度兼容。而腾讯从 QQ 到微信的创新则更带有一些革命性色彩，更看重的是产品性能的改进和创新。微信可以看成腾讯的一款新的社交软件，而不仅仅是 QQ 的升级版。原有用户可以继续使用 QQ，也可以选择同时拥有 QQ 账户和微信账户。

（6）驱赶对手或阻止进入策略。企业为了自身利益，以及为了争取更大的市场份额，甚至为了垄断地位，自然希望将竞争对手驱赶出去，也不希望新的竞争对手进入。这种策略一般只有行业头部企业才可能考虑并采纳。对于无限供给产品生产企业而言，如果这一策略奏效，则意义更为重大，因为无限供给产品，增加的销售收入几乎都是利润。保持创新，持续升级产品，让产品能始终保持领先地位是巩固竞争优势，阻止其他对手通过效仿进入市场的有效手段。具有攻击性的定价策略是经济学中经常讨论的吓退新手进入市场的重要举措之一。使用这种策略，关键是找到一种方法发出强有力的信号，使别人知道进入者将受到你的进攻性定价的痛击。另外，掌控供应链中的核心环节，垄断行业核心资源，也可以获得一定效果。例如，影视公司利用排他性签约锁定一线明星，互联网教育（知识付费）平台锁定著名教师，都会对竞争对手或潜在进入者产生冲击。

案例：腾讯与今日头条的竞争博弈[①]

2019 年 1 月，微信加强了对“头条系”产品在其平台上的管理：暂停今日头条小程序、封禁抖音新用户使用微信登录能力、屏蔽字节跳动官网、屏蔽社交新产品多闪下载链接。而这场互联网领域的知名战役，已经纠缠了八个多月。伴随着“头腾大战”从爆发到高潮，“头条系”产品成了微信上的“违规大户”。

一方是 BAT 巨头之一、月活跃用户 10 亿的社交霸主，另一方是快速扩张中的 TMD（今日头条、美团、滴滴的简称）三小巨头之一，字节跳动和腾讯为何成了冤家？

始于短视频，明争暗斗八个多月

“头腾大战”的起因是短视频。

2018 年 5 月 8 日张一鸣在朋友圈庆祝抖音获得 App Store 第一季度下载量第一，并在留言中发表评论：“微信的借口封杀，微视的抄袭搬运挡不住抖音的步伐。”随后马化腾评论：

① 杨雪梅，《“头腾大战”几时休？》，新浪科技，2019-02-02，https：//tech.sina.com.cn/i/2019-02-02/doc-ihqfskcp2522936.shtml。

可以理解为诽谤；要公证你们的太多了。

张一鸣为何会直指微信封杀？

在此之前，2018 年 3 月，部分微信用户发现，朋友圈看不到好友分享的抖音短视频链接，外界认为是“腾讯屏蔽了抖音”。其实，不仅抖音、西瓜视频，连快手、波波视频等短视频平台都受到了影响。

今日头条对腾讯的行为解读为：针对自己的不正当竞争，利用微信的垄断地位，抵制抖音等短视频平台，发展腾讯旗下的短视频平台微视。

朋友圈的一场口水战，正式拉开了“头腾大战”的序幕。

2018 年 5 月，微信发布《微信外部链接内容管理规范》，被称为最严外链公告，限制了外部链接在微信内传播。其中一条是：外部链接不得在未取得信息网络传播视听节目许可等法定证照的情况下，以任何形式传播含有视听节目的内容。

这样一来，不仅抖音、火山小视频、快手等平台受限，甚至腾讯自己的微视也被限制。据不完全统计，至少有 21 款短视频产品会受影响。

实际上，微信公告中强调的信息网络传播视听节目许可证，由国家广电总局核发，业务类别分为播放自办节目、转播节目和提供节目集成运营服务等。而目前持有该证的机构，主要以中央媒体、出版机构和各地广电部门为主，互联网短视频平台大多数都没有视听节目许可证。

不久之后微信再次对规范做出更新，是否拥有视听节目许可证不再是必需条件。微信还表示，平台会进一步与开发者研究方案。

抖音内容发布到微信，也只能先保存本地，再通过微信上传。但快手内容则可以直接跳转分享到微信，只不过以链接形式呈现。

除了口水战之外，字节跳动和腾讯还多次闹上法庭。2018年6月1日，腾讯公告显示，已将今日头条、抖音运营者北京字节跳动科技有限公司、北京微播视界科技有限公司起诉至法院，理由是后者涉嫌不正当竞争行为，并对腾讯声誉造成严重影响。同时，腾讯还宣布暂停与上述两家公司的合作。

2018年6月1日晚间，字节跳动官方就此回应称：我们已经对腾讯的不正当竞争行为提出诉讼。

接着6月5日，海淀法院消息，因认为对方利用技术手段屏蔽和拦截用户访问头条网，北京字节跳动科技有限公司以不正当竞争纠纷为由将深圳市腾讯计算机系统有限公司诉至法院，要求腾讯公司停止不正当竞争行为，赔礼道歉，并赔偿经济损失4 000万元。6月1日，海淀法院受理了此案。

竞争加剧，腾讯会将“头条系”彻底排斥在微信关系链之外吗？

字节跳动和腾讯几个回合的口水战后，摩擦日渐升级。字节跳动旗下产品正在加速暂别微信关系链。

提示页面显示，小程序今日头条由于所选类目与小程序运营内容不符合已暂停服务。微信 iOS 版与安卓版均已无法搜索到今日头条小程序。

2019 年 1 月 23 日，抖音新用户已无法正常以微信授权的方式登录、使用抖音。

抖音判断是由于微信开放平台提供的登录服务出现问题，才导致出现这种结果。抖音提醒用户及时绑定手机号，称一旦微信封禁登录能力，除可能导致用户无法使用拍摄互动等基本功能外，还可能导致用户已发布的视频丢失、DOU+ 余额丢失，以及相应收入丢失等问题的出现。

除此之外，微信还屏蔽了字节跳动官网（https://bytedance.com），字节跳动称正在向腾讯申请解禁。

随后 2019 年 1 月 26 日晚，微信发布了关于近期诱导违规及恶意对抗的处理的公告，包括但不限于今日头条、火山视频、西瓜视频、网易云音乐等在内的多款 App 受到了不同程度的处罚。此举措并不是针对字节跳动一家，但字节跳动旗下产品中招颇多。截至 2019 年 2 月 1 日，字节跳动官网在微信端仍未解封。

如果说最开始，头腾两家的竞争主要在娱乐及资讯领域，那么随着多闪的上线，双方竞争正式扩展到社交领域，且竞争事态也越发激烈。

2019 年 1 月 15 日，字节跳动上线了社交产品多闪，发布会当日，多闪下载链接也很快被微信屏蔽，另一款社交产品马桶MT发布日当天也遭遇了同样的命运。微信似乎对新社交产品在其关系链内的传播非常敏感。

“不用把我们当竞争对手，不是同一类产品，我们只把最亲密的人联系起来，干的是不一样的事情。”今日头条CEO陈林表示。

发布会之后，外界认为几款社交新产品的出现是对微信的宣战，但腾讯公关总监张军却表示，“随便做个什么东西过来就叫挑战什么霸权。拿堆红包出来骗用户下载，留存，也好意思叫产品”。

相比张军的直言，“微信之父”张小龙在微信公开课上谈到竞争对手时表示，“我们真的很少思考竞争对手这回事，微信也没有竞争对手，不必老是给我们安上各种竞争对手。如果有竞争对手，就是我们自己，是我们的组织能力能不能跟上时代的变化”。

但不可否认的事实是，时代变化不停，社交领域沉寂太久，新的社交产品来势汹汹，微信显然在不断加强自己的防护墙。

有专家认为，网络平台并不是普通的主体，它有越来越多的公共职能，也有一定的公共性，所以也应该承担共同的责任，所以说封禁的真实目的应当是正当的，但是不应该存在一些不公正的行为。

积“怨”已久，头腾之争在于市场存量之争？

Quest Mobile（贵士信息科技有限公司）数据显示，短视频和即时通信两个细分行业的时长增长贡献了移动互联网用户使用整体时长增量的一半以上，短视频行业成为“时间黑洞”，抢占用户时间，月总使用时长同比上涨1.7倍，超越在线视频成为仅次于即时通信的第二大行业。

在短视频方面，腾讯却赶了个晚集。

2017年为中国短视频爆发元年，在这一年里，抖音成长为短视频领域第一梯队，但微视却悄无声息，直到2018年才奋起直追，通过春节发红包、邀请明星加持、高额补贴拉拢达人和MCN（多频道网络的产品形态）等方式争夺市场。

腾讯在过去一年陆续推出14款短视频产品，包括微视、闪咖、QIM、DOV、MOKA魔咔、猫饼、MO声、腾讯云小视频、下饭视频、速看视频、时光小视频、yoo视频、音兔、哈皮等。除去微视、yoo视频、哈皮等，腾讯似乎想通过不同的产品切入细分市场。

无奈“头条系”短视频产品的市场地位较稳，微视在十几个月内，依旧未做出爆发之势。

Quest Mobile数据显示，2018年12月短视频App中，微视处于第六位，而前五位中，“头条系”产品占了三个。

短视频产品聚拢了大部分年轻用户，有业内人士认为，“从用户重合度上看，娱乐产品的受众是年轻用户，而BAT

中腾讯是非常看重年轻用户的”。短视频成为抢夺年轻用户时间的一大娱乐形式，腾讯怎会不急？

即使社交领域，字节跳动也在不断尝试和进入。如果说双方一开始竞争的点在于短视频，那么后续则上升到了企业泛娱乐布局层面。

在接受新浪科技采访时，一业内人士认为，智能手机用户已经趋于饱和，用户新下载App数越来越低，字节跳动要想持续发展必须争夺存量市场。他表示，字节跳动构建了以娱乐产品为生态的公司，但是娱乐产品成长得快消亡得也快，没办法沉淀关系链，所以只能不断地堆积新产品。

另一位接受采访的“00后”高校学生表示，自己刷短视频就是通过QQ空间，里面基本都是微视的内容，还有人刷短视频是通过微博。他们觉得再下载一个抖音或者微视根本没有必要。可见，社交于短视频，短视频于社交，都有着重要的意义。

新浪科技发现，抖音已经开始为多闪引流，通过上线随拍功能互通。而随拍视频可存在72小时，仅允许私密好友评论，之后会自动消失。有趣的是，这一功能与新版微信发布的时刻视频有异曲同工之妙。

抖音“随拍”功能

在一定意义上，多闪正在通过各种资源和方式搭建自己的关系链。对于抖音、多闪而言，在微信中最需要的是关系链，即用户的微信好友通信录。如果字节跳动可以通过多闪搭建自己的关系链，就可以挖掘用户在体系内的更多信息，以及开发半熟人关系，即再造一个短视频版的微信。

微信从诞生至今已经九年有余，从目前来看，多闪还有更长的征途要走。

而这场未完待续的“头腾大战”似乎还要持续下去。在互联网分析师钱皓看来，随着腾讯对微信入口的把控越来越严格，类似“头腾大战”的摩擦也将会越来越多，从用户体验看，微信的封禁，加大了用户使用其他社交App的难度，在一定程度上会对用户造成损失。不过从整体来看，封杀存在诱导行为的链接有助于促进整个微信生态的健康发展。

然而，至于微信是否会全面封杀“头条系”产品，很多人则认为不太可能。《人民日报》发文称，每个互联网巨头，都想追求市场的优势地位，筑起属于自己的高墙，这一点无可厚非，但有一点，不得绑架用户，应该是商战的底线，想封谁就能封谁势必会造成市场的混乱，最后危及整个互联网产业的发展。

跨界和生态圈竞争

无限供给产品的多功能性以及用户（流量）资产的可变现性，使得跨界经营成为数字经济、互联网经济的一大

> 特点。企业竞争逐渐从产品竞争，单个企业单打独斗的打拼，转变为生态圈的较量。

我们在前面相关章节讨论无限供给产品各项特征时曾经提到，无限供给产品可以没有折旧、没有损耗地重复使用，而且可以融各种功能于一体，为供应商带来多种收入。这种多功能、多收益的特点，使得供应商选择跨界经营不仅成了潮流，而且成了企业价值创造的助推器。

其实，新经济时代企业不再拘泥于一味强调专业化，而是越来越看重适度的跨界经营，有以下两点原因。

（1）优秀的无限供给产品开发企业，摆脱了传统经济时代诸如加工、制造等行业必须面对的产能问题的制约，因此增长速度更快，短短数年就可以获取接近饱和的海量用户。此时，如果单靠一款产品，很难实现持续增长。所以，这类企业为了自身增长以及出于满足投资人预期的考量，有必要选择新的增长点。

（2）跨界经营可以让企业对用户价值进行更深度的挖掘。尽管对于所有以营利为目的的企业而言，用户永远是至关重要的存在，并且是企业生存和发展的基础，但如前所述，对于提供无限供给产品（服务）的企业而言，用户的重要性则更加突出，甚至可以说有质的飞跃。对于许多新经济领域的企业而言，用户可能不仅是企业产品和服务的购买者，不知不觉中还是企业的“打工者”。例如，你花 10 元钱买个面包，除了为厂商贡献10元收入和1元的利润（假设面包生产成本是9元），企业和你再无瓜葛，不会指望你再做别的贡献了。如果你下载并使用微信，表面上，你成了腾讯的用户，在享受腾讯的产品和服务，但你也悄悄地成了腾讯的“打工者”。不知不觉中，已经在帮助腾讯赚流量费、广告费、商家推广费、微信零钱利息、零钱提现收入等。

既然用户可以义务为企业赚钱，企业还不用向其支付工资，企业自然希望能拓展更多渠道让用户去帮忙赚取收入和利润。如果仅专注于社交和游戏服务，腾讯哪来巨额的企业服务收入，哪来巨额的金融收入？腾讯公司披露的2019年财务报告显示，腾讯2019年全年营收3 772.89亿元，同比增长21%。在各板块收入中，腾讯金融科技及企业服务收入增幅最高，全年增幅39%，至1 014亿元，与游戏业务收入（1 147亿元）基本持平。

必须强调的是，企业跨界经营或多元化经营必须建立在企业拥有的技术、产品、用户资源等核心竞争优势的基础之上。“没有金刚钻，偏揽瓷器活”的盲目扩张、盲目跨界、盲目多元化当然不会有好的结局。腾讯、阿里巴巴跨界做金融非常成功，是因为它们拥有的互联网技术和产品，以及拥有的海量用户和数据，恰恰在金融领域能大有用武之地，以至于在金融创新方面，它们能独树一帜，比其他许多金融机构更具竞争优势。

在几乎一切都讲“互联互通”的新经济时代，一个企业要脱颖而出并长期维持笑傲江湖的优势地位，靠一己之力单打独斗几乎是行不通的。企业要发展，离不开众多供应商、服务商、物流企业、合作机构、协作单位、渠道商、服务对象和用户群等。企业和这些机构互相联通、分工合作，这些机构与机构之间又互相连接合作，形成一个相互交织、利益攸关的系统，就是所谓的企业生态圈。一个企业的竞争优势，不再单纯依靠自身的产品和技术，还要依托整个生态圈的资源和实力。

Wintel 联盟的成功，从某种程度上也可以看作生态圈成功的一个早期案例。早期浏览器开发商，曾经的华尔街宠儿网景（Netscape）公司之所以彻底失败，很大程度上是因为缺乏一个良好的生态环境。网景的浏览器需要在微软的操作系统中工作，而微软又恰恰是网景的竞争对手。

上一章介绍过实力异常强劲的微软在手机操作系统上遭遇滑铁卢的案例。我们的分析显示这和正反馈效应有关。之所以会有正反馈引发的恶性循环，恰恰是因为微软在手机操作系统方面错过了打造一个强大的生态圈的机会。

企业界“教父”级人物，海尔集团董事局主席张瑞敏在 2016 年就明确提出，“互联网时代企业应该做成生态圈”。未来的每家企业都将从过去的封闭体系变成互联网的一个个节点。所以，企业要借助互联网的优势吸收各种资源，并加以充分利用，做到世界就是我的人力资源部，世界就是我的研发部，把企业从原来封闭的体系变成互联网的节点。

马云也很早提出阿里巴巴的使命是让天下没有难做的生意。阿里巴巴的生态系统，意在帮助中小企业在融资、贸易、支付、物流服务上享有更多的便利。中小企业太多，阿里巴巴没法一家一家地帮助，于是搭建了生态系统。在这个生态圈里，企业可以找到融资，可以找到用户，可以找到物流，可以公平交易，并最终获得成功。

需要指出的是，尽管生态圈表现出来的是一种网格化的结构，但至少到目前为止，市场上各大著名生态圈是围绕核心企业构建的，其核心是为了满足头部企业自身的竞争需要和业务拓展需求。所以，我们会经常听到诸如阿里系、腾讯系、小米系、百度系等议论。中小企业进入这些生态圈，虽能获得生存和发展所必需的一些资源和帮助，但不可能处于与核心企业对等合作的位置。中心化必然带来封闭化，令企业站队情况严重。紧紧跟随阿里巴巴脚步的企业，可能很难在腾讯生态圈分得一杯羹。

案例：阿里巴巴的生态圈①

所谓生态圈，就是发起者为了促使进一步发展，防范竞争对手，培育新的盈利点，通过并购、联盟、开放等形式，横向进行扩张，纵向进行深化，建立起来一个循环的商业竞

① 据互联网和公开媒体报道整理。

争体系。生态圈作为新经济的顶级发展模式，很有春秋战国的味道。前有传统企业被颠覆之鉴，新经济巨头也担忧被新生力量所颠覆，与其放任其野蛮生长，不如将其纳入麾下，也是一个重要考虑。大吃小，强并弱，最后形成行业中屈指可数的战国七雄。

与传统行业相比，互联网行业轻资产属性更强、转换成本更低、增长更为迅猛、用户更加宝贵，资源、技术、市场等协同效应更强。所以我们看到，近年来互联网巨头的“合纵连横”花式整合玩得是风生水起，大型并购、联盟时有发生。

在生态体系之内，各个协作企业通常占据着至关重要的位置，它们不再各自为战，而是有着共同目标，相互支撑、共生，形成一个完整的闭环，是其重要特征。这个闭环就像马云经常谈论的“太极”哲学，阴阳互生，虚实相宜，黑白一体，在整合与统一中体现出商道的精髓。同时，兵法中的互为犄角之势以抵抗外来进犯，也能从某方面反映出构建生态圈的目的。

阿里的生态圈以核心的电商平台淘宝、天猫为基础，不断扩展补充，涵盖了新零售线下实体店（三江购物、银泰百货、苏宁易购等），外卖和出行（饿了么、滴滴打车等），数字媒体娱乐系统（优酷、土豆、微博、阿里体育等），互联网科技服务系统（阿里云等），支付和金融服务（支付宝、蚂蚁金服），物流服务，以及大量外围合作机构，如图 7.2 所示。

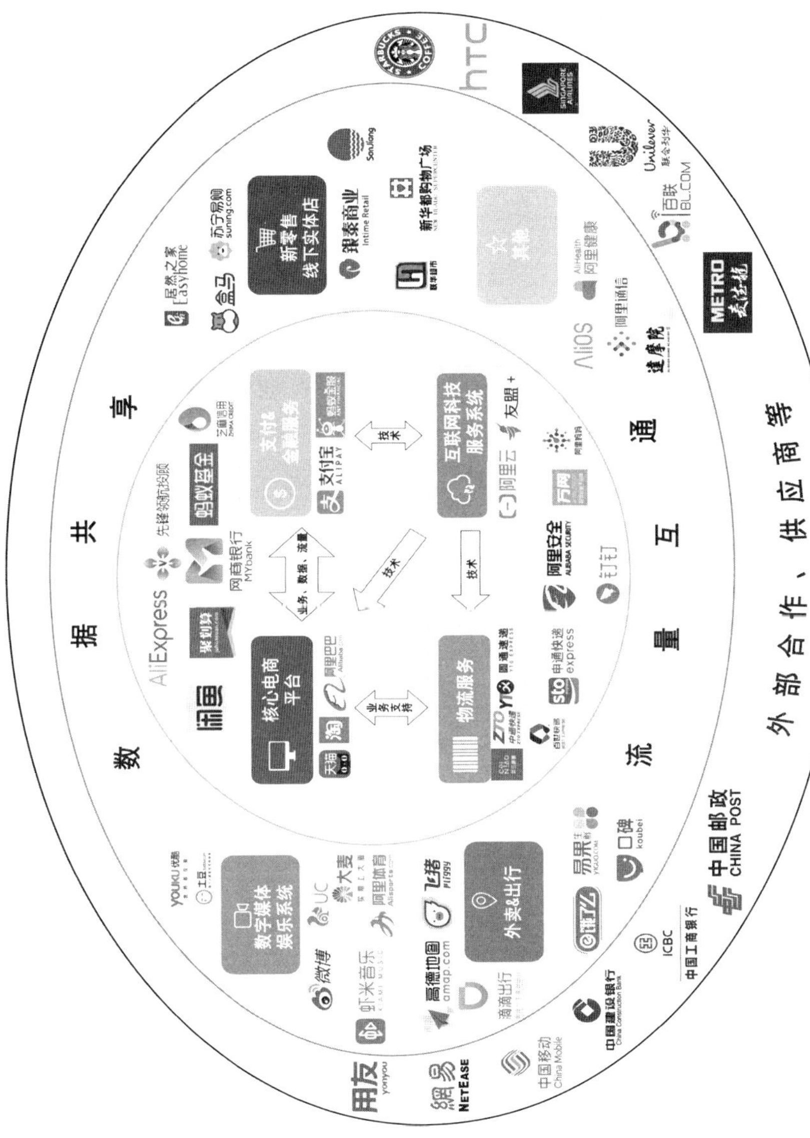

图7.2　阿里巴巴的生态圈

第八章　新经济下对新政策的思考

从竞用到非竞用

无限供给产品，没有了供应量的限制，也就没有了稀缺性，一般属于非竞用品范畴。非竞用品究竟是不限用，还是限用且收费，取决于企业的商业决策和盈利模式的安排。

人们要消费，企业要经营，都离不开资源和各种产品。资源以及产品的稀缺性并不相同，供方的销售或供给策略也不尽相同，导致不同产品和资源各有不同的属性。

这里我们从两个维度考虑产品（或资源）的相关属性。

（1）产品的使用是否具有竞争性，此谓“竞用性”。如果一种资源或一个产品的使用具有竞争性，也就是你用了，别人就无法用；或者你用得多，别人就只能少用，那么资源或产品就是竞用品。简单地说，竞用性是指让更多人消费会产生边际成本，某人已经消费的给定数量的某种商品不能同时被其他人消费。比如，粮食是竞用品，汽油、钢材、汽车、个人计算机也都是竞用品。反之，如果资源或产品的使用不具有竞用性，你用再多，也不影响他人的正常使用，那么，这些资源和产品就是非竞用品。例如，空气、阳光是非竞用品，微软的办公软件、腾讯的微信也是非竞用品。

（2）产品的使用是自由的、免费的，还是受限的、付费的。不用付钱也没有使用限制的产品是非限用品；使用受到限制（比如必须付钱才能使用）的产品则是限用品。限用品的使用具有排他性。面包、牛奶是限用品，市内公路则大多是非限用品。同样是软件产品，微软的操作系统是限用的，腾讯的微信则不限用。

依据产品的竞用性和限用性两个特征，我们把产品分成了四个类别，如表 8.1 所示。

表8.1　产品属性分类

属性	竞用	非竞用
限用	私人物品	共享品或俱乐部物品
非限用	公用资源	（纯）公共物品

牛奶、面包、汽车、住宅都是私人物品；航空公司的金卡会员休息室则属于共享品（俱乐部产品）；政府为便民修建的车位有限的免费停车场是一种典型的公用资源；公共电视台的电视节目、免费的应用软件（如微信）则属于（纯）公共物品。

通常情况下，企业生产的产品，如果供给有限，一般既是竞用的，也是限用的，属于私人物品的范畴。如果企业生产的产品可以无限供给，则产品的使用不会有边际成本，不再具有竞用性。粗略来看，大多数有限供给产品因为产量有限，是稀缺的,使用也是有竞争性的,属于竞用品。无限供给产品,产量没有限制，也就没有了稀缺性，也无须竞争使用，所以，一般属于非竞用品范畴。

非竞用的无限供给产品究竟是不限用，还是限用且收费，取决于企业的商业决策和盈利模式的安排。微软的操作系统和腾讯的微信，都是无限供给产品。微软选择了收费、限用；而腾讯则选择了免费、不限用。因此，微软的操作系统成了俱乐部产品（支付软件版权费后，就成为俱乐部一员，可以随心所欲地使用 Windows 系统）；尽管腾讯是私人企业，但它研发的微信则有公共物品的属性。

公地悲喜剧

无限供给产品，由于使用不具有竞用性，一般不会出现公地悲剧。但对于此类产品而言，如果收费太高或限制性条件太多，导致产品或资源使用不足，就会形成反公地悲剧；如果保护不足，限用不够，则可能出现无人愿干的准公地悲剧。

公地悲剧，或称公共资源悲剧，最初由哈定于 1968 年在《科学》(*Science*）杂志上发表的一篇文章提出。文章题为 "The Tragedy of the Commons"（公地悲剧）。

哈定举了这样一个具体事例：一群牧民有一片免费开放

的草地，每一个牧民都想多养一头牛，因为多养一头牛增加的收益大于其购养成本，是划算的，尽管每头牛的平均吃草量会下降，可能导致整个牧区的牛的单位收益下降。每个牧民都增加一头牛，草地将可能被过度放牧，从而不能满足牛的食量，致使所有牧民的牛均饿死。这就是公共资源悲剧。

对公共资源悲剧的防止有两种办法：第一种是制度上的，即建立中心化的权力机构，无论这种权力机构是公共的还是私人的——私人对公共资源的拥有和处置便是在使用权力；第二种便是道德约束，道德约束与非中心化的奖惩联系在一起。

在实际中也许可以避免这种悲剧。在悲剧未发生时，建立起来一套价值观或者一个中心化的权力机构，这种权力机构可以通过牧牛成本控制数量或采取其他办法控制数量。

现实的经济世界是丰富多彩的，我们面对的不仅仅是公地悲剧。对于非竞用品，无限供给产品来说，产品被过度使用的制约不复存在。从福利经济学的角度看，对于非竞用品而言，只要使用者能从中受益，多用反倒是一件好事。换句话说，我们对哈定的假设稍加修改，如果免费开放的草地上的草多得吃不完，那么，牧民多养几头牛将不再成为问题，更不需要中心化的权力机构进行干预和限制了。

对于非竞用品而言，特别是无限供给产品，如果收费太高或限制性条件太多，将导致产品或资源使用不足，从而造成社会福利损失，此谓**反公地悲剧**。1998 年，美国的黑勒教授在一篇文章中提出了“反公地悲剧”的理论模型。他说，虽然哈定教授的“公地悲剧”说明了人们过度利用公共资源的恶果，但他却忽视了资源未被充分利用的可能性。在公地内，存在着很多权利所有者。为了达到某种目的，每个当事人都有权阻止其他人使用该资源或相互设置使用障碍，而没有人拥有有效的使用权，导致资源的闲置和利用不足，从而造成资源浪费。当然，即便公地内只有一个强权者，有权为他人使用资源设置极高障碍，也会导致资源利用不足的悲剧。

无限供给产品尽管边际成本为零，但初始研发费用以及后续更新升级成本通常相对高昂，对于这类产品（俱乐部品）而言，如果保护不足（如肆意盗版），限用不够，则会严重影响企业研发创新的积极性，市场上的俱乐部产品将会大幅减少。此种现象可以被视为**准公地悲剧**。

至于像百度搜索、腾讯微信、360 杀毒软件、有道词典这样给人们的工作、生活带来了极大便利的无限供给产品，既不会竞用，企业也没有设置障碍限用（违规违法除外），用户可以依据各自需要尽情享用这些产品，此可谓**公地喜剧**。

新经济下的政策思考

新经济时代的无限供给领域，产业和市场势力集中是一种常态。法律法规和经济政策的制定，需要做到既能兼顾规模效益，又要防止垄断势力成为社会创新和中小企业发展的障碍。

从前面各章的大量讨论中，我们已经了解，在新经济时代，无限供给产品会大量涌现。无限供给产品市场，从企业经营方式、企业收入成本构成、产品定价、市场结构、竞争态势等许多方面都呈现出传统产品市场所没有或罕见的大量新型特征。

譬如说，从宏观资源配置和经济效率的角度出发，大量企业生产相同的无限供给产品无疑是资源的重大浪费，因此，追求规模效益和适度的产业集中是合理的、必要的。然而，过分集中，就会导致赢家通吃的垄断局面的出现。这种现象，在数字经济领域已经变得非常常见。更值得关注的是，新经济领域，特别是互联网、大数据类等行业的头部企业的垄断地位可能不再局限于一个细分市场。由于跨界经营变得相对容易，垄断的触角会伸展到其他领域。

在无限供给产品市场上，产能不再是一个重要制约条件，创新能力意义重大，用户规模则是核心资源。有人说，互联网企业“得流量者得天下”，突显的就是用户的重要性。对于许多新经济领域的企业而言，用户不再只是企业产品的需求方以及企业的服务对象，用户也是生产资源。头部企业，不仅能垄断产品的供应，还可能垄断用户资源。

平心而论，无限供给产品市场的产业集中甚至垄断，一定程度上是企业发挥规模经济效益和范围经济效益的需要。新经济领域出现一批大型头部企业，甚至是具有国际竞争力的企业，对一国新经济发展也具有一定积极意义。然而，市场势力过分集中，也会成为市场公平竞争的障碍，阻碍中小企业的创新发展，并给后来的创业者带来不利影响。

因此，如何营造一个良好的政策、法律氛围，平衡好各种利弊关系，以便既能兼顾优秀企业做大做强的需要，又能帮助中小企业健康发展，助力年青一代创业、创新，就成了新经济时代国家必须面对并妥善解决的重要问题。以下是对这一问题及相关政策的一些初步思考。

（1）在新经济时代，科技和创新是经济发展的主旋律。新技术、新产品初始研发成本高昂，风险很大。因此，研发者需要有足够丰厚的后续补偿才会有创新、研发的持续动力。在新经济和互联网时代，更需要切实保护知识产权，有效防范前面谈到的准公地悲剧的发生。

（2）依据新经济发展特点、国家经济发展以及维护社会大众整体利益的需要，完善《反垄断法》和《反不正当竞争法》等与经济有关的法律法规并在执行层面进行强化，防止出现反公地悲剧，防止滥用市场支配地位并损害用户利益的行为。为市场公平竞争，为企业健康发展，为创新、创业营造一个良好的法治环境。

必须承认，由于新经济发展带来了一系列新的现象，我国的立法工作显得相对滞后，执法层面更是有太多需要补充的短板。举例来说，《中华人民共和国反垄断法》第十七条第二款明确禁止具有市场支配地位的经营者“没有正当理由，以低于成本的价格销售商品”。大家回想一下2014年滴滴打车和快的打车的烧钱补贴大战，两家出行平台为了争抢市场份额，服务各自的支付体系，投入的资金可谓不计代价，最终导致数十家租车企业纷纷倒闭。滴滴打车和快的打车的补贴行为是否违背《中华人民共和国反垄断法》的相关规定？

（3）合理配置牌照和许可证资源。牌照不是企业的产品，从某种意义上讲，它更应该是一种公共资源，必须以服务社会大众为宗旨。对需要持牌经营或获得许可方能经营的重点行业，如何合理分配牌照或颁发许可，影响非同小可。什么样的企业有资格获得牌照？牌照资源是否应当一味向超大型企业倾斜？特别是非常稀有的牌照，发牌机构需要制定规则以促使持牌企业公平服务其他企业和社会大众，防止持牌机构利用牌照谋求垄断地位，获得垄断利润。建议政府对因牌照获得垄断优势的企业，参照各国规制自然垄断企业的成功做法进行规制。

（4）规范数据、流量共享和交易行为。新经济时代，流量和数据成为企业发展的核心资源。特别是在互联网领域，用户就是流量，流量就是收入，就是利润。至于我们所讲的数据，多数是由用户的行为产生的。可以说，用户是数据原材料的提供者，企业则是数据的加工方。

大量流量和数据被少数大型企业垄断或掌控，对促进新经济发展和繁荣，对中小企业发展壮大，对鼓励更多的创业、创新，未必是件好事。在大数据和互联网高度发展的新经济时代，捍卫私人信息安全和数据安全的重要性自不待言。在此前提下，如何创建一个更加公平合理的市场环境，降低中小企业用户获取（引流）成本，引导合理适度的信息共享，规制大型公司对数据和流量的垄断行为，是一个十分艰巨但政府主管机构必须积极面对的问题。

附录　无限供给经济学的理论和简单模型

无限供给对稀缺性假设和市场出清假设的颠覆

经济人（理性人）假设、稀缺性假设（资源有限假设），以及市场出清假设是传统经济理论的三大支柱，供求关系则是经济学研究的最基本关系。

所谓经济人假设，是指人是自利且理性的，以自身利益最大化为目标。利益最大化被视为个体（包括个人和企业）行为的基本动机。当一个人（企业）在经济活动中面临若干个不同的选择机会时，总是会倾向于选择能给自己带来更大经济利益的那种机会，即做出理性的判断和选择。

稀缺性假设更被视作整个经济学大厦的地基，经济学甚至直接被定义为研究资源配置的学问。所谓稀缺性假设，是指相对于人们的无穷欲望（需求）而言，经济资源或者说能够生产出的满足人们需要的物品和服务总是不足的。简言之，由于资源有限，所以人类无法生产足够多的产品满足所有的需求。当然，资源的稀缺性，一般指相对稀缺，即相对于人们现时的或潜在的需要而言是稀缺的。这就要求社会经济活动的目的，是以最少的资源消耗取得最大的经济效果。因此，资源的稀缺性及由此决定的人们要以最少消耗取得最大经济效益的愿望，是经济学作为一门独立的科学产生和发展至今的原因。

稀缺性假设隐含着两层重要含义。第一，在市场经济体系里，资源的使用具有排他性、竞用性。也就是说，企业需要付出代价才能获得所需的资源，这些资源企业一般不会也无法与其他企业共享。第二，产品的生产会消耗资源，而且产品的产量多少取决于企业资源的投入量。

在经典的经济学论著中，经济学家习惯将生产过程中投入的生产要素，即核心资源，抽象成资本（K）和劳动（L）两大类，并用某种形态的生产函数 $f(K, L)$ 来表示，例如用著名的柯布－道格拉斯生产函数，来刻画资源投入和产出（供给）之间的关系。而且，对于传统的工业生产企业而言，由于有限的资本投入在短期无法改变，产品的边际成本最终是递增的，供给曲线也由此成为一条向上倾斜的曲线。

当供给量（产量）和需求量恰好相等时，市场达到均衡状态，也就是所谓的市场出清。否则，市场要么处于过剩（供大于求）状态，要么处于短缺（供不应求）状态。这时，产品价格会在市场机制作用下进行调整，并引起产品需求量和供应量（产量）做出相应调整，直到市场达到均衡状态才会稳定下来。

传统经济学中的供求关系，就是在以上三大假设的基础上，经过一系列的理论推导而建立起来的。一般来说，以价格为纵轴，数量为横轴时，需求曲线向下倾斜，而供给曲线则向上倾斜，如图附1所示。供给曲线和需求曲线的交点，是市场的均衡状态，也就是市场出清状态。

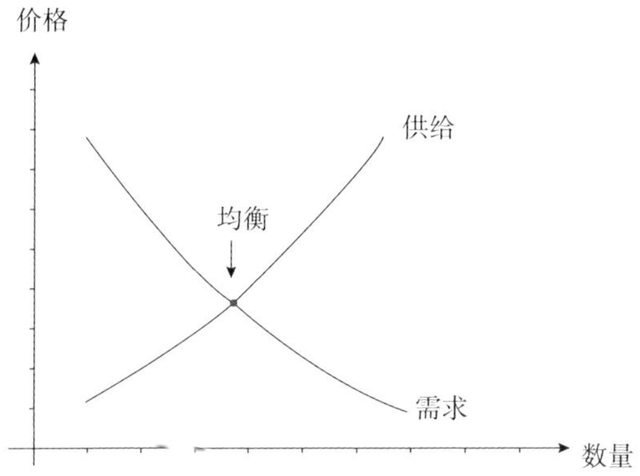

图附1　传统经济的供求曲线

按照传统经济学的稀缺性假设，由于资源是有限的，而产品的生产必定消耗资源，所以产品也是稀缺的，产品产量也是有限的。资源的稀缺程度是决定资源价格和利用这些资源所生产出的产品价格的核心因素。尽管从宏观层面讲，新经济领域依旧存在资源的稀缺性。但从微观层面看，无论是资源的稀缺性，还是产品的稀缺性，在新经济领域中的相当一部分产品上都发生了根本性转变。

传统产品的产量，是由资源投入的多少决定的。多生产一件产品，就要相应多占用或多消耗一份资源。智能产品和数字产品（如软件）等无限供给产品的生产，当然也要消耗资源，如劳动力、能源。但是这些产品一旦生产出来，就可以无成本地加以复制，并销售给不同用户。对于这类产品而言，只要市场有需求，企业就可以立即不受限制地增加供给，直至满足所有需求，无须额外增加资本或劳动力等资源投入（销售人员、带宽与营销费用除外）。传统的经济学理论中用以刻画投入—产出关系的生产函数，对于汽车、粮食、服装产量是有效的，但对于软件、数据、音视频产品的拷贝数量，就失去了意义。

技术和数据是新型生产要素，在稀缺性、竞用性方面，这些新型生产要素和传统要素，即土地、资本、劳动力之间有着天壤之别。技术和数据是人们创造或加工的知识型产品。从宏观层面讲，它们总是稀缺的，社会的进步需要不断创造出更多的技术和数据，也需要更好的技术和数据。然而，从微观层面看，任何一项技术，任何一组数据，一旦产生或拥有，就不再稀缺。已经拥有的技术和数据，可以没有损耗地被不断使用，也可以被许多企业和个人同时使用，无论你想使用已有的技术和数据生产多少产品，它们都永远不会供不应求。

无限供给产品永远不会发生短缺，这类产品也不会存在库存积压问题，没有所谓产品过剩所造成的浪费，因为需要花钱生产的产品只有一件，除非一件产品也卖不出去。因此，传统经济学中的市场出清假设对于新经济中的无限供给产品也就失去了意义。或者，我们至少可以说，无限供给产品的市场均衡和有限供给产品的市场均衡存在显著区别。

无限供给产品的供求分析与均衡定价

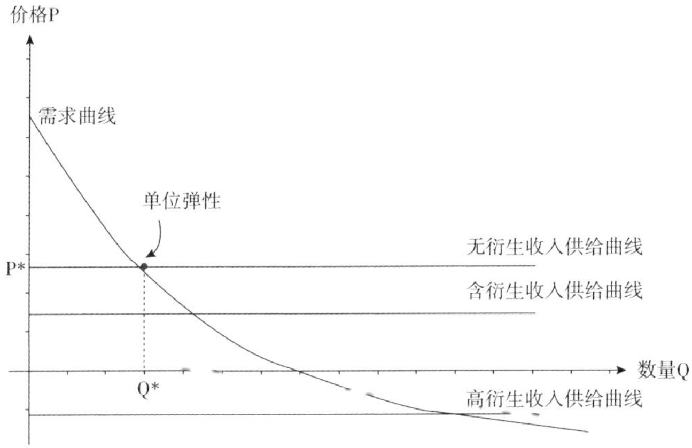

图附2　新经济中无限供给产品的供求曲线

如图附 1 所示，传统有限供给产品的供给曲线是向上倾斜的，而新经济中无限供给产品的供给曲线则是一条水平线（如图附 2 所示）。新旧经济的需求曲线变化虽不如供给曲线的变化显著（总体而言需求曲线依然是向下倾斜的），但也会出现一些新的特点。主要表现在新经济中的市场结构和竞争格局所发生的变化，会反过来影响需求曲线的形状。新经济中的部分产品和服务，如共享单车摩拜和 ofo，Mozilla 公司的火狐浏览器、谷歌的 Chrome 浏览器、微软的 IE 浏览器、360 浏览器等，彼此的可替代程度很高，市场竞争激烈，导致各产品的需求曲线非常平缓，需求的价格弹性会很高；但另一些产品，如微软的 Windows 操作系统和 Office 软件，基本处于市场垄断地位，此时需求曲线就变得非常陡峭，需求价格弹性锐减。当然，用户对微软产品的价格敏感度降低，并不意味着用户对价格变得完全不敏感。如果微软公司的这些软件产品定价过高，比如数千美元乃至上万美元一套，很多人可能就会用不起电脑。电脑销量会因此下降，操作系统和办公软件等产品销量自然也会下降。

按照微观经济学的理论，当边际收益（MR）等于边际成本（MC）时，企业利润可以实现最大化。因此，我们可以推导出，当边际收益为 0 时，企业利润最大。那么问题来了，什么时候企业销售的边际收益会是零呢？强调一下，这里讲的是边际收入（收益）为 0，即调整价格以多卖一份产品获得的收入是 0，不是总销售收入为 0，也不是平均销售收入为 0。微观经济学里给出了边际收益，价格（P），需求的价格弹性（E）三者之间的关系如下：

$$MR = P(1 - \frac{1}{E})$$

当需求弹性等于 1 时，也就是在需求曲线的单位弹性处，MR=0，无限供给产品企业的利润最大。

如图附 2 所示，无限供给产品的最优价格 P^*，也就是能使企业利润达到最大值的价格，对应于需求曲线上弹性为 1 的点。需求曲线下最优价格 P^* 对应的需求量，就是该产品的均衡销售数量。

为了方便更进一步讨论。我们假设需求函数是线性的：$Q=a-bP$，其中 a，b 为常数，Q 代表需求量，P 代表价格。通过简单计算，我们即可得到该产品的需求弹性 $E=\frac{bP}{a-bP}$。最优价格，也就是均衡价格，为 $E=1$ 时所对应的价格，即 $P^*=a/(2b)$，相应的均衡数量（需求量）为 $Q^*=a/2$。此时企业的（毛）利润等于 $a^2/4b$。

需要指出的是，a 和 b 这两个常数很可能是相互关联的。假设，某种产品一开始只允许在一个区域销售，产品免费时的用户数 a 是 1 000 万，b 等于 1 万，即产品价格每上涨 1 元，用户数量减少 1 万，相当于免费时的用户数 a 的 0.1%。现在，销售区域从 1 个增加到 2 个，潜在用户数 a 相应也扩大到了 2 000 万。显而易见的是，产品价格每上涨 1 元，用户数量减少的规模一定会超过 1 万。也就是说，参数 b 也会增加。如果两个区域需求状况无疑，那么，b 将变成 2 万。

如果我们用 c 代表价格每上涨 1 元需求量减少的百分比（以 a 为基数），那么 $b=c\cdot a$。这样一来，我们也可以把前面的线性需求函数写成：

$$Q=a-bP=a(1-c\cdot P)$$

根据前面的结果，均衡价格 $P^*=1/(2c)$，企业最大（毛）利润 $=a/4c$。

在上述的线性需求函数中，我们可以把常数 a 解读成产品的（潜在）市场规模，即当产品完全免费时，需求究竟是多少。常数 c 大体可以解释为用户（需方）对价格的敏感程度。因此，我们发现，无限供给产品价格完全由需求端参数 c 来决定，和供应端因素无关。同时，我们也发现，企业的盈利能力与市场规模（a）成正比，但与用户的价格敏感度（c）成反比。

衍生收益对无限供给产品价格的影响

为了分析衍生收益对产品供应商销售和定价策略的影响，我们不妨借鉴第五章已经使用过的线性模型。假设需求曲线仍是线性的，依旧是如下函数：

$$Q = a - bP = a(1 - c \cdot P)$$

我们同时假设每单位用户能给企业带来的衍生收益为 d。由此，我们得到企业总收益（产品直接销售收入加总的衍生收益，TR）为：

$$TR = P \cdot Q + d \cdot Q = (\frac{a}{b} + d)Q - \frac{Q^2}{b}$$

通过简单的数学计算我们可以发现，产品的边际收益（包括衍生收益，MR）为：

$$MR = (\frac{a}{b} + d) - \frac{2Q}{b} = (d - 1/c) + 2P$$

依据利润最大化的边际法则以及无限供给产品边际成本

MC 等于 0 的基本特点，我们发现，当上面公式中的边际收益 MR 等于 0 时所对应产品价格，即为产品的最优定价。也就是说，产品的最优价格 P^* 满足如下公式：

$$P^* = \frac{1}{2}\left(\frac{1}{c} - d\right)$$

与此相对应，市场均衡的需求量为：

$$Q^* = \frac{a}{2}(1 + c \cdot d)$$

上面的两个公式告诉我们，当需求函数呈现线性形式时，企业将会把衍生收益的一半用于价格补贴，即降价。衍生收益越大，产品的定价越低。当用户的人均衍生收益恰好等于用户价格敏感系数 c 的倒数时，产品价格为 0，实现真正的免费。如果衍生收益更高，则价格可以定为负数。也就是说，为了吸引用户，以赚取衍生收益，企业不仅可以将产品免费，甚至会向用户发放额外补贴。

由于企业会将衍生收益的一部分用于产品降价，所以，衍生收益存在时，产品价格下降，相应地，产品销量也即用户数量增加。衍生收益越高，降价幅度会越大，用户增长会越多。我们从均衡需求量的公式中还发现，当消费者对价格越敏感，即价格敏感系数 c 越大时，降价效果越明显，因而用户增长也越快。

将均衡需求量和均衡价格代入总收入公式，通过计算可以发现，在均衡状态时，企业可实现的总收入（毛利润）为：

$$TR^* = \frac{a}{4c} + \frac{ac \cdot d^2}{4} + \frac{a \cdot d}{2}$$

这个公式右边的后两项是由于衍生收益的存在，给企业带来的收入（利润）增量。显然，人均衍生收益 d 越高，企业利润也越高。不过，我们还发现，用户对价格的敏感程度越高，也就是 c 越大时，由于衍生收益部分转变成价格补贴对拉动需求量起的作用也会越大，因此，敏感系数 c 越高，衍生收益提升企业利润的作用越强大。

无限供给产品和有限供给产品集成捆绑的经济学分析

当互补性很强的无限供给产品和有限供给产品集成在一起时，通过无限供给产品的赋能，有限供给产品的功能和使用价值会更加强大。对于捆绑后的终端产品而言，消费者一般会愿意支付更高的价格。也就是经济学里所说的需求曲线右移。

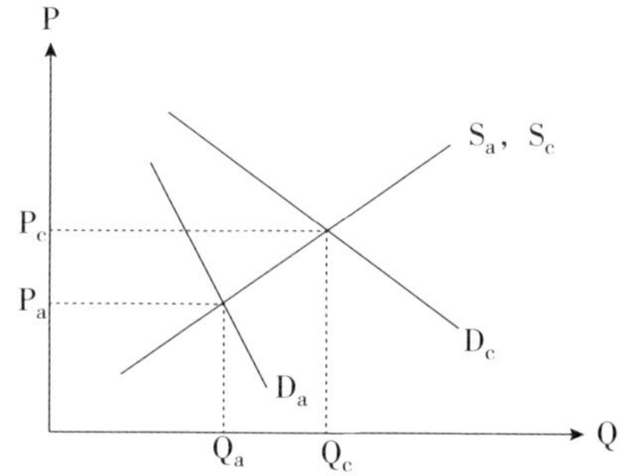

图附3　无限供给产品和有限供给产品捆绑的供求关系

为表述方便，我们用 a 代表有限供给产品，用 b 表示与 a 互补的无限供给产品，用 c 代表 a 和 b 捆绑在一起的终端产品。依据上面的讨论，c 的需求曲线 D_c 是 a 的需求曲线 D_a 的向右移动（如图附 3）。b 的功能越大，重要性越高，从 D_a 到 D_c，需求曲线向右移动的幅度就越大。

经济学的基本原理告诉我们，如果 c 是 a 和 b 叠加的产物，那么 c 的边际成本 MC_c 应当等于 a 的边际成本 MC_a 和 b 的边际成本 MC_b 之和。由于无限供给产品 b 的边际成本为 0，因此

$$MC_c = MC_a$$

再加上 b 的产量可以无限大，我们可以推断 c 的供给曲线 S_c 和 a 的供给曲线 S_a 应该是重叠的。这样一来，如图附 3 所示，由于有 b 的赋能，c 无论是售价，还是销量，都会比单独的 a 要高。产品 c 和 a 的价格差异,体现的是 b 的附加值。除此之外，绑定 b 以后，a 也会变得更能吸引用户，实现更大销量。

参考文献

[1] Agrawal, Ajay & Gans, Joshua S. & Goldfarb, Avi (2019). *Exploring the Impact of Artificial Intelligence: Prediction versus judgment*, *Information Economics and Policy*, Elsevier, vol. 47 (C), pages 1–6.

[2] Armstrong, Mark (2006). *Recent Developments in the Economics of Price Discrimination*, Book chapter in "Advances in Economics and Econometrics", Cambridge University Press.

[3] Benzell, Seth G. & Brynjolfsson, Erik (2019). *Digital Abundance and Scarce Genius: Implications for Wages, Interest Rates, and Growth*, NBER Working Papers 25585, National Bureau of Economic Research, Inc.

[4] Berger, Jonah (2015). *Contagious: Why Things Catch On*, Simon & Schuster Press.

[5] Brynjolfsson, Erik & Rock, Daniel & Syverson, Chad (2018). *Artificial Intelligence and the Modern Productivity Paradox: A Clash of Expectations and Statistics*, NBER Chapters,

in：The Economics of Artificial Intelligence：An Agenda，pages 23–57，National Bureau of Economic Research，Inc.

［6］Byrne，David M.，John G. Fernald，and Marshall B. Reinsdorf（2016）. *Does the United States Have a Productivity Slowdown or a Measurement Problem*？ Brookings Papers on Economic Activity. Spring：109–182.

［7］Feldstein，Martin（2015）.*The U.S. Underestimates Growth.*Wall Street Journal，May 18.

［8］Gehrig，Thomas & Stenbacka，Rune（2005）. *Price Discrimination，Competition and Antitrust.* www.researchgate.net.

［9］Hadin，G.（1968）. *The Tragedy of the Commons.* Science，162，1243–1248.

［10］Heller，Michael A.（1998）. *The Tragedy of the Anticommons：Property in the Transition from Marx to Markets.* Harvard Law Review，621–688.

［11］Heller，Michael A.（2010）. editor，*Commons and Anticommons，Economic Approaches to Law*，Edward Elgar Publishing.

［12］Lewis，W.A.（1954）. *Economic Development with Unlimited Supplies of Labor*，Manchester School，22，139–191.

［13］Peitz，Martin & Waldfogel，Joel（2012）. editors，*The Oxford Handbook of the Digital Economy*，Oxford University Press.

［14］Shy，Oz（2001）. *The Economics of Network*

Industries，Cambridge Books，Cambridge University Press.

［15］Tang，Q.（2019）. *A Review of Literature on Digital Economy and National Economic Accounting*. Economic Developments，10，117–131.

［16］Wei，L.（2020）. *Research on Quality Evaluation and Promotion Strategy of Digital Economy Development*. Open Journal of Business and Management，8，932–942.

［17］Rifkin，Jeremy（2014）. *The Zero Marginal Cost Society：The Internet of Things，the Collaborative Commons，and the Eclipse of Capitalism*，Palgrave Macmillan.（中文版《零边际成本社会》，中信出版社，2017）。

［18］Shapiro，Carl & Varian，Hal R.（1998）. *Information Rules：A Strategic Guide to the Network Economy*，Harvard Business Review Press.（中文版《信息规则：网络经济的策略指导》，中国人民大学出版社，2017）。

［19］Varian，Hal R.（2014）. *Intermediate Microeconomics：A Modern Approach*，*9th Edition*，W. W. Norton & Company.（中文版《微观经济学：现代观点》，格致出版社，上海人民出版社，2015）。

［20］华强森（Jonathan Woetzel）等主编 . 崛起的中国数字经济［M］. 上海：上海交通大学出版社 .

［21］李方 . 今日头条是怎么发展起来的？——张一鸣研究［EB/OL］. 搜狐网，2019.1.29，https：//www.sohu.com/a/292112417_482521.

［22］李云龙，王茜. 增长思维［M］. 北京：中信出版集团，2019.

［23］亚当·潘恩伯格. 病毒循环［M］. 浙江：浙江人民出版社，2013.

［24］施襄，杨嘉伟. 裂变增长［M］. 北京：清华大学出版社，2019.

［25］孙世芳，周超男. 数字经济大会报告［M］. 北京：经济日报出版社，2019.

［26］杨铎. 裂变：造就互联网思维下的产品、思想、行为的传播奇迹［M］. 北京：机械工业出版社，2015.

［27］杨雪梅. "头腾大战"几时休？［EB/OL］. 新浪科技，2019-02-02，https：//tech.sina.com.cn/i/2019-02-02/doc-ihqfskcp2522936.shtml.

［28］中国国家互联网信息办公室. 数字中国建设发展报告（2018 年）［EB/OL］. 数字中国建设峰会，http：//www.szzg.gov.cn/2019/szzg/gzdt/201905/t20190508_4871748.htm.

［29］周春生. 融资、并购与公司控制（第三版）［M］. 北京：北京大学出版社，2013.

［30］周春生. 新经济的无限供给新法则［N］. 财经，2019-12-9.

［31］布伦特·科克. 病毒营销［M］. 北京：中国人民大学出版社，2019.

后记与致谢

2020 年初及其后数个月里，一场突发的疫情，给中国和世界带来了一场百年不遇的重大灾难。许多人的正常工作和生活安排被彻底打乱，本人的工作和教学安排也因此受到重大影响。不幸之中的万幸是，我也因此有了更多时间去整理这些年来对中国经济问题，特别是新经济发展的思考和探索，并将其汇集成书，以飨读者。

我们正处在一个大创新、大变革的时代。无论是从经济的微观层面，还是宏观视角，都有太多新问题需要解释，有很多新领域需要探索。经济学和管理学中的许多传统理论，已难以解释我们今天所面临的崭新的经济时代。本书做了一个初步尝试，试图以无限供给这一新的观点和思路为主线，解释宏观经济的许多新现象，并为新经济在未来的发展和新经济时代企业的运营提供一个尚不成熟的思维框架和理论指导。书中提到的许多问题、许多理念，有待更多的同道中人一起去做深入的研究和探讨。书中错漏之处，恳请各位读者朋友和专家学者不吝指教。

本书的一部分内容我曾在长江 EMBA（工商管理硕士）

和 FMBA（金融管理硕士）课堂上讲授过，也曾在一些聚会场合和部分企业家朋友、长江商学院的同学和校友分享过。在书稿交付出版之际，非常感谢长江商学院对我研究、教学工作的支持；感谢诸多朋友给予的灵感和帮助；感谢中信出版集团本书的相关负责人，特别是寇艺明老师的建议和指正；感谢真知灼见创始人李路飞先生、加一大学院长武晓宇女士的鼎力相助；感谢我的家人在本书写作过程中对我的关心和照顾。

此外，我还要特别感谢我在北大的几位朋友和已经毕业或还在学习的学生对本书的贡献，他们是吴中海院长、冯科教授、何理博士、李达博士、郭禹呈同学、汪祉良同学、丁博森同学、陈雅宸同学、邱文锐同学、刘文航同学等。在本书写作过程，余子安同学积极帮助整理资料，年轻有为，一并表示感谢。

本书在写作过程中参考了许多网上公开的资料，特别是一些案例，引用了一部分他人的研究成果。在此向所有资料作者和提供者表示衷心的谢意。在引用标注方面如有错误和疏漏之处，还望大家海涵。

周春生

2020 年 5 月 3 日于北京